火災鑑識ポケット必携

火災原因究明のための実務資料集

発刊によせて

　火災調査は消防法に基づき，焼失した現場から火災の原因等を調査することにあるが，最近の工業技術の進展に伴う各種機器等の原因究明に当たっては，非常に難しい状況下におかれている。また，製造物の構造欠陥に対する苦情と救済を求める声が製造物責任制度の導入となり，消防の火災の調査結果に対する社会の見る目も変わりつつある。

　このため，過去の火災事例を踏まえ，各種機器を中心とした鑑識要領についてまとめ，現場で活用できるようにハンディタイプとした「火災鑑識ポケット必携」を発刊することとなった。

　この鑑識ポケット必携は，各種家電製品や車両などの火災を中心にして，主な火災原因の鑑識及び見分のポイントを写真を中心に分かりやすくまとめてある。

　本書が火災調査の鑑識に当たって，先に発刊され広く活用されている「火災調査ポケット必携」と併せて活用願えれば幸いである。

　　平成6年5月

　　　　　　　　　　　　　　　　　　火災調査研究会

目　次

第1編　電　気

電気こんろ …………………………………… 3
電磁調理器 …………………………………… 10
電気ストーブ ………………………………… 14
ヘアドライヤー ……………………………… 22
テレビ ………………………………………… 28
白熱電球 ……………………………………… 34
蛍光灯 ………………………………………… 40
ネオン灯配線 ………………………………… 49
冷蔵庫 ………………………………………… 54
扇風機 ………………………………………… 64
洗濯機 ………………………………………… 69
電子レンジ …………………………………… 76
電気衣類乾燥機 ……………………………… 85
コード ………………………………………… 94
プラグとコンセント ………………………… 102
静電気 ………………………………………… 109
リチウムイオン電池 ………………………… 115

第2編　燃　焼

ガステーブル ………………………………… 125
無煙ロースター ……………………………… 136
ガス湯沸器 …………………………………… 140
風呂釜 ………………………………………… 147
ガス乾燥機 …………………………………… 155
石油ストーブ ………………………………… 164
石油ファンヒータ …………………………… 172
安全装置 ……………………………………… 181

第3編　微　小

ローソク ……………………………………… 189
線　香 ………………………………………… 196
たばこ ………………………………………… 200
溶接(断)器 …………………………………… 207
収れん(しゅうれん) ………………………… 213

第4編　化　学

さらし粉 ……………………………………… 219
生石灰(酸化カルシウム) …………………… 222
セルロイド(硝化綿) ………………………… 225
植物油 ………………………………………… 229
花　火 ………………………………………… 233

第5編　車　両

車　両 ………………………………………… 239
電気系 ………………………………………… 242
燃料系 ………………………………………… 257
エンジン系 …………………………………… 273
排気系 ………………………………………… 289
室内系 ………………………………………… 298
交通事故 ……………………………………… 307
ごみ収集車 …………………………………… 311

第6編　放　火

放　火 ………………………………………… 319

第7編　資　料

資　料 ………………………………………… 329

〔参考文献〕 ………………………………… 347
〔カラー写真〕

立証のための調査

1　立証のための調査

　　出火箇所については現場見分で判明するが，出火箇所に
おいて家電製品などの製造物からの出火や自然発火などの
化学火災の可能性を検討するには，鑑識，鑑定，実験及び
各種文献調査により，科学的妥当性を導き出して出火の可
能性を検討する必要がある。

　　調査現場において焼損物件等の分解や見分が困難な火災
で，日時を改めて火災原因等の究明に関する詳細な見分及
び実験を必要とする調査が「立証のための調査」であり，
出火原因を科学的に検討しなくてはならない。

　　立証のための調査では，見分の場所や日時を明確にし，
製造業者等の協力を得て詳細な見分を行い，また必要に応
じて実験を行うなど，組織的な出火原因の検討が必要であ
る。

　　また，焼損物件の確保に当たっては文書で所要の手続き
をし，物件の所在，確保の経過を明確にし，トラブル防止
のために鑑識後は努めてり災者に返却し，客観的に判明し
た内容で出火原因をり災者に説明する。

　　立証のための調査は次のとおりである。

・鑑　　　　識	主に家電製品等の製造物からの出火原因を究明する
・鑑　　　　定	物質の成分分析等を行い，出火原因の裏付けデータを得る
・燃 焼 実 験 等	火災現場を再現し，燃焼実験等

により実証する

・各種文献調査　　　　過去の出火事例，化学反応のメカニズム等を文献から調査する

2　鑑　　　識

　鑑識とは，出火原因に関係すると考えられる焼損物件等を現場で収去し，その物件に出火要因と認められる特異な焼損状況があるかを実体顕微鏡などの資器材も使用して詳細に見分，これらの観察結果を客観的事実として記録し出火原因の判断資料とする業務である。

3　物件収去，鑑識の手続き等の留意事項

（1）　出火箇所の十分な検討

　　誤った出火箇所から収去した物件からは，当然ながら出火に至る痕跡は見分できない。また，現場を見分できるのは消防機関と警察機関のみであり，製造業者は現場を見分できないことから，出火箇所を誤って物件を収去することのないよう，出火箇所について誤ることのないよう十分に検討する。

（2）　鑑識物件以外からの出火の可能性の検討

　　現場では，関係者の供述に左右されることなく鑑識しようとする物件以外の物件からの出火の可能性を十分検討する。

（3）　資料提出承諾書・受領書による手続きの明確化

　　焼損物件は焼損後もり災者の所有物であり，現場から鑑識のために焼損物件を収去するときは所有者の承諾が必要である。「資料提出承諾書・受領書」による適正な

手続きを確実，速やかにとり，物件所有者の所有権放棄等の意思を書類上で表示させ，以後の紛争の防止を図る。

(4) 機器周囲に散乱した焼損物件の採取

機器周囲に，出火原因究明に重要な部品が落下していることがあるので，周囲に散乱している焼損物件も袋に入れるなどして採取する。特に，車両火災にあっては，路上に落下していることもあるので留意する。

(5) 物件収去時の関係者への説明

収去時には，むやみに製造物の欠陥であるかのような内容を告げることなく，焼損状況等の客観的に判明した内容説明に努める。

また，関係者は，説明がなければ「消防が収去した物件から出火した」と思ってしまうので，なぜ採取するかを明確に説明する。

(6) 警察機関との調整

警察と競合した場合は，消防の火災調査権を説明して理解を得，合同で鑑識ができるよう手配する。

(7) 技術的支援要請の検討

鑑識に際し技術的支援を必要とする場合にあっては，総務省消防庁消防大学校消防研究センターに技術支援について相談する。

(8) 鑑識実施時の関係者

鑑識に当たって，製造業者・販売店等の担当者の「立会い説明」を求める際は，同一場所に利害が反する関係者が交わることのないようにする。また，製造業者等に立会説明を求めるときは，必要な調査が終了し，調査結

果を整理してからとする。

(9) 鑑識物件の処分と結果の説明

　　鑑識物件は，処分の了解を得ていても努めて返却し，併せて客観的に判明した事実に基づいて鑑識結果を説明する。なお，鑑識物件は，トラブル防止のために消防機関から直接製造業者等に渡さないこと。

(10) 鑑識見分調書による処理

　　製造物からの火災に際しては，詳細な鑑識を行い，製造物からの出火の可能性の有無について検討するとともに，鑑識による見分結果は，鑑識見分調書に詳細に記載し，写真を添付して客観性を確保する。

第1編　電気

電気こんろ

　ガスを熱源とする調理器具に比較すると，絶対数は少ないが，取扱いが簡便であるなどで，使用者層の幅も広い。また，最近はマンションのキッチン，事務所の湯沸室にも設置され，従来のニクロム線ヒータからシーズヒータへと変わってきている。

1 種類と構造

　電気こんろには，ニクロム線ヒータとシーズヒータがあり，卓上型等移動可能な単独のものと，シーズヒータと他の調理器具（オーブンやレンジ）と組み合わせたクッキングヒータや，流し台，壁，天井（換気扇を含む。）をユニット化したシステムキッチンがある。

(1)　ニクロム線ヒータ
　　・電　　源：単相100V
　　・スイッチ：電源を入り切りするほか，熱量を強・中・弱に切り替えるものがある。また，卓上こんろのような場合には電源スイッチがないものもある。

(2)　シーズヒータ
　　・ヒ　ー　タ：ニクロム線ヒータを高ニッケル合金製のパイプで保護し，酸化マグネシウムの絶縁粉末材を充填し，渦巻き状に加工したもの。
　　　　　　　　電力は，120〜2,000W 程度である。
　　・電　　源：単相100V，200V の2種類がある。
　　・スイッチ：押回し式ロータリースイッチで電源の入り切りの

ほか，無段階の電力調節をする。

シーズヒータ

〔構造図〕 「火災調査ポケット必携」第7編⓾参照

2 出火原因の調査

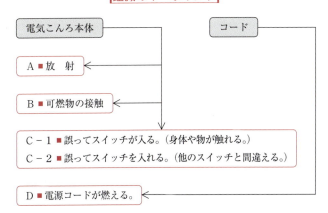

質問のキーポイント

1：電気こんろを使用していたか？
2：スイッチは壊れていないか？
3：火災の前にきなくさい臭いはないか？
4：周囲に可燃物を置いていなかったか？
5：スイッチに誤って身体や物が触れなかったか？

3 鑑識

A ■ 放射

スイッチを切らず，また，プラグを入れたまま放置したために，周囲の可燃物が過熱し出火する現象である。

写真A　電気こんろの脇に置いた水切りかご（合成樹脂製）が焼損した状況

〈見分ポイント〉

1　ヒータ部の周囲に合成樹脂製品等の可燃物が焼損しているのが見分される。
2　一般的に鍋等の調理器具がこんろ上に置かれ，空焚きなどの状況が見分される。
3　スイッチのON・OFFの状況を確認する。

B ■ 可燃物の接触

周囲の可燃物が直接，使用状態の電気こんろに触れた場合，ある

いは，落下した場合に着火し，出火する。

写真B　キッチンユニット及び
　　　その周辺

〈見分ポイント〉
1　発掘に当たって，ヒータ部に着火物となった可燃物が付着して見分されないこともあり，焼損の方向性が顕著に表れている可燃物等を詳細に見分する。
2　放射より，出火に至る時間が短い。
3　こんろ上部にふきん等をかけるフック等の痕跡や，こんろ周辺に落下したハンガー等が見分される。

C ■ 身体や物が触れてスイッチが入る・他のスイッチと間違えて入れる

　　両者とも，全く，電気こんろのスイッチが入ったのに気が付かず，電気こんろの上や近接して可燃物が置かれていたため，その可

燃物に着火して出火する。

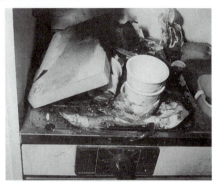

写真C-1　電気こんろの上に置かれたトレイとその上に載せたコーヒーカップ，ごみ，まな板の状況

写真C-2　焼損した電気こんろのスイッチ部分

〈見分ポイント〉

1　電気こんろの上の可燃物が炭化しているのが見分される。

2 スイッチが「入り」のままで見分される。

3 周囲に他の発火源となるものがない。

4 ワンルームマンション等でこんろの前が著しく狭く，身体などが触れやすい状況にある。

5 スイッチが左右のいずれを回しても入ってしまう。

6 スイッチの状況が判断できない場合は，可動片の位置を同型品と比較検討する。

D ■ 電源コードの短絡

電気こんろは比較的電気容量が大きいため，電源コードを折り曲げたり，物を載せたままの状態で使用した場合に，被覆が損傷したり，あるいは放熱が悪く被覆が溶融し，短絡して出火する。（コードA参照）

電磁調理器

調理をするための熱源としては，ガスを使用する器具が一般的であるが，電磁調理器は，火を使わずに加熱する点を特徴として，普及が図られている。ＩＨ（Induction Heating）調理器と呼称される場合もある。

1 原理と構造

電磁調理器は，電磁波の磁界成分を利用した加熱調理器で，ホーロー，鉄，ステンレスなどの磁化されやすい金属製の鍋を使用することで加熱調理を行う。

加熱の原理は，リッツ線と呼ばれる加熱用コイルに電流（交流）が流れる際に発生する磁力線により，金属製の鍋に渦電流が流れ，ジュール熱が発生することにより加熱するものである。

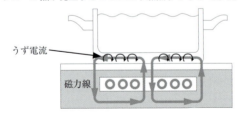

コイルは平板状の形をしており，高周波電流（20kHz以上）が流れている。

電源回路，出力回路（インバーター），制御回路，加熱コイル及び各種検知装置から成る。

2 出火原因の調査

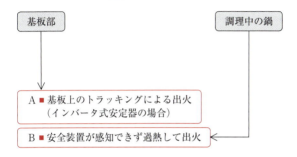

質問のキーポイント

1：煮こぼし等の有無
2：出火時に使用していた鍋の材質及び形状
3：どのようなモードで使用していたか？ （「加熱モード」「揚げモード」など）

3 鑑　識

A ■ 基板上のトラッキングによる出火

　煮こぼれ等によりトッププレート上に流れた液体が，内部の基板上に入り込むことにより，基板上でトラッキングが発生して出火する。

　基板を中心に焼損しており，はんだ，端子等の溶融について観察するとともに，グラファイト化による導通をテスターにより確認する。

　出火時に電圧が印加されており，基板上パターンの異極間の距離がおおむね10mm程度の場合発生する。

　製造会社等から基板の材質，仕上げ状況等についても資料を得る必要がある。

写真A－1　内部構成部品を展開した状況　　写真A－2　基板上でトラッキングしている状況

（カラー写真 p.①）

〈見分ポイント〉

1　機器内部の染み等の有無

B ■ 安全装置が感知できず過熱して出火

　使用している鍋の底の形状が平らでない，鍋底が薄いため加熱中に変形する，ミルクパンなどの小型の鍋を使用している，などの使用状況の場合，温度制御用サーミスタが適正に鍋底の温度を感知できずに，鍋内の調理物が過熱して出火する。

　また，適正に感知していた場合であっても，鍋が小さく，鍋内の油量が少ないなどの条件が重なったとき，センサーが感知して加温を停止する前に，昇温した油が発火温度に達して出火する場合がある。

　機器の不具合のないことを確認するとともに，電磁調理器に設置されている各種安全装置の機能，作動条件について，確認する必要がある。

写真B-1　鍋底の変形を測定している状況

写真B-2　機器の内部の状況

〈見分ポイント〉

1　電磁調理器の安全装置の作動（温度ヒューズ，温度制御用サーミスタ，小物検知機能等）の有無
2　電磁調理器の安全装置の機能の確認

電気ストーブ

電気ストーブは，最近，セラミック加工遠赤外線ストーブのものや，ハロゲンランプ，カーボンを発熱体としたものが多く，更に，空気を汚さず，臭いも出ないので，広く普及している。

1 種類と構造

ヒータ（発熱体）から発生した熱を輻射（放射）を利用して暖める暖房器で，反射式と対流式がある。

(1) **赤外線ストーブ**

　持ち運びに便利なハンディタイプが多く，ヒータは，従来からのもので，最近は，スチーム発生装置付のものもある。

(2) **セラミック加工遠赤外線ストーブ**

　赤外線ストーブと同型で，遠赤外線を放出するもの。

〔構造図〕　「火災調査ポケット必携」第7編**10**参照

(3) **ファンヒータ（電気温風器）**

　発熱した熱をファンで送風し，温風を出すもので，扇風機のように首振式やスチーム発生装置付のものもある。

(4) **セラミックファンヒータ**

　ファン付で，ヒータにＰＴＣサーミスタ（セラミックヒータ）を使用したもので，空気清浄と加湿器付のものもある。

(5) ハロゲンヒータ

ハロゲンランプから発生する放射熱によるもの。
首振り機能を有するものもある。

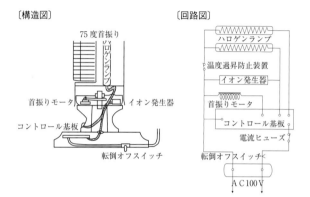

〔構造図〕　　〔回路図〕

(6) カーボンヒータ

不活性ガスの中に炭素繊維を封入した石英管から発生する放射熱によるもの。
首振り機能を有するものもある。

2 出火原因の調査

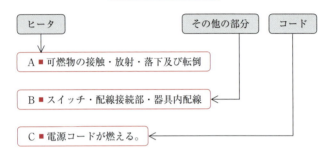

鑑識のキーポイント

- A ■ 可燃物の接触・放射・落下及転倒
- B ■ スイッチ・配線接続部・器具内配線
- C ■ 電源コードが燃える。

質問のキーポイント

1：電気ストーブを使用していたか？
2：周囲に可燃物を置いていなかったか？
3：転倒ＯＦＦスイッチの有無
4：首振り機能の有無
5：使用中不具合はなかったか？

電気ストーブ　17

3 鑑　識

A ■ 可燃物の接触・放射・落下及び転倒

・机の下，こたつのやぐらの中に入れる。（使用不適）
・衣類，カーテンなどの周囲の可燃物（可燃物の接触）
・衣類，書籍，雑誌など上方の可燃物（可燃物の落下）
・可燃物に近接して使用（輻射熱を受ける。）
・放射過熱の危険がある状況（輻射熱を受ける。）
・転倒する。（転倒ＯＦＦスイッチなし）

などにより，可燃物に着火して，出火する。

写真Ａ－１　電気ストーブを付けたまま寝込み，かけていた
　　　　　　羽毛布団がずれ，電気ストーブに接触したもの

18 第1編 電 気

写真A-2 洗濯物がストーブの上にかかっていたため出火した状況を復元したもの

写真A-3 電気ストーブ上面左側のスイッチ部（金属の可動片3本のうち中央1本が下がっている状態）

電気ストーブ　　19

〈見分ポイント〉
1　電気ストーブが特に強く燃損し，ガードに布等の炭化物が付着しているのが見分される。
2　電気ストーブを起点として，周囲へ拡大した焼損状況が見分される。
3　可燃物の接触あるいは輻射熱によって出火すると，火災熱とストーブ自体の発熱の影響から放射板に「ナスビ色」の変色が生じる場合がある。
4　転倒した場合は，転倒OFFスイッチの状況を見分する。
5　スイッチの構造は合成樹脂が多く，著しく焼損した場合は，スイッチの位置が確認できない場合が多い。
　　残存している金属の可動片の状態を同型品で比較し見分する。

B ■ スイッチ・配線接続部・器具内配線

コード取付端子及びリード線端子の締付不良により過熱する。

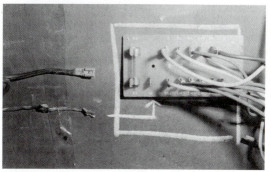

写真B-1　溶融した端子を同型品と比較したもの

20　第1編 電気

写真B-2　首振り部分の焼損状況

写真B-3　断線したより線の状況

電気ストーブ　　21

〈見分ポイント〉

1　電源線の端子部分が，接触不良により溶融しているのが見分される。

2　コードの接続端子の過熱は，端子部の高温による変色と接続端子の
　　溶融，又は端子部に近いコード心線の変色，短絡痕などが見分される。

3　首振り機能のある場合には，屈曲部位に短絡痕などが見分でき
　　る。

C ■ 電源コードの短絡

　　最近の電気ストーブは，発熱体にセラミックを用いた大容量形の
　　ものが普及している。その結果，電源コードの上に物を載せたまま
　　の状態で使用した場合に，放熱が悪く被覆が溶融し短絡して出火す
　　る。（コードA参照）

ヘアドライヤー

　年々，ヘアドライヤーは，ヒータの容量が大きくなり，最近のものでは，1,500W程度の出力のものまで一般家庭に普及している。

1 原理と構造

　ヘアドライヤーの構造は，ベークライトの把手の先に雲母等の絶縁材に巻かれたコイル状のヒータ線と，送風用のモータ及びファンが内蔵されている。

　ヒータ線の容量は300〜1,500W，ファン用モータは6〜20W程度で，把手部分のスイッチによって冷風と温風とに切り替えられる。

〔回路図〕

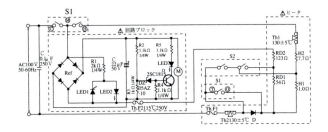

〔構造図〕　「火災調査ポケット必携」第7編10参照

ヘアドライヤー　23

2 出火原因の調査

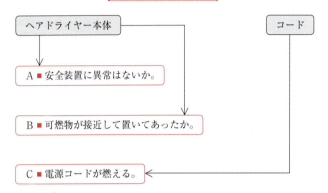

|鑑識のキーポイント|

ヘアドライヤー本体 ── コード

A ■ 安全装置に異常はないか。

B ■ 可燃物が接近して置いてあったか。

C ■ 電源コードが燃える。

|質問のキーポイント|

1：スイッチが入っていたか？
2：改悪されていないか？
3：コンセントに接続されていたか？

3 鑑 識

A ■ 過熱による出火

　ファンモータの故障により，ヒータ回路に電流が流れたままの状態で放置され，サーモスタットがＯＮ・ＯＦＦを繰り返しているうちにサーモスタットの接点が溶着し，通電されたままの状態となり合成樹脂が過熱し出火する。

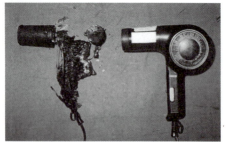

写真Ａ－１　焼損したヘアドライヤーと同型品

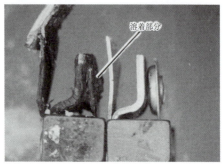

写真Ａ－２　サーモスタットの接点が溶着している状況(同型品との比較)
(カラー写真 p.①)

〈見分ポイント〉
1 安全装置である温度ヒューズ，又はサーモスタットがあるかどうか確認する。
2 安全装置が取り外されて，改悪されているかを確認する。
3 サーモスタットの内部の接点が，溶着しているか確認する。

B ■ 吹出口付近の可燃物から出火

　布団等の下にあったヘアドライヤーを踏みつけたために誤ってスイッチが入り，時間の経過とともに布団が熱せられるなどで出火する。

　一般的には，ファンの空気取入口がふさがれ，更に，温風吹出口が可燃物に接するほど危険性が高いが，安全装置が作動しない範囲で，吹き出し続けることなどの条件が重ならないと難しい。

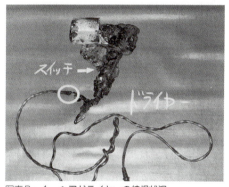

写真B-1　ヘアドライヤーの焼損状況

26　第1編　電　気

写真B-2　焼損したヘアドライヤーのスイッチ部のレントゲン撮影
（接点が閉じている状況）

〈見分ポイント〉

1　吹出口付近に，焼損した布団等の蓄熱する可燃物が見分される。
2　吹出口の金属部分に，強い変色が見分できる。
3　電源コードに短絡痕が見分される。
4　スイッチの状況を確認する。（レントゲン，テスター等）

C ■ 電源コードの短絡

　ヘアドライヤーは，電源コードをフック等に引っかけて使用されている場合が多く，この箇所で短絡出火する。（コードA参照）

〈見分ポイント〉

　電源コードに電気痕が見分され，他の出火要因がすべて否定され，電気痕の位置も外力等が加わる箇所であるか見分する。

ヘアドライヤー 27

写真C-1 フックにコードをかけていたため短絡し出火した状況

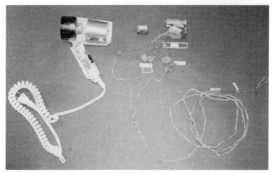

写真C-2 矢印が電源コードの短絡箇所（同型品との比較）

テレビ

最近のテレビは，薄型テレビ（プラズマディスプレイ，液晶テレビ，有機ＥＬ）といったものが一般家庭に普及している。

１ 原理と構造

液晶テレビは，液晶パネル，電源基板，インバーター基板，メイン基板，スイッチ類，スピーカー等から構成されている。

〔構成図・液晶テレビ〕

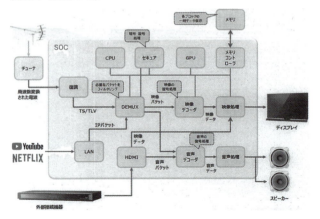

・液晶パネル：2枚のガラスの間に液晶を封入して，それに電圧をかけることにより，液晶の向きを変化させ，これによって，バックライトの光を調整して，テレビ画面に映像を表示する。
・基板：商用交流電源から直流電圧を生成し各電気部に供給する電源基板，液晶パネルのランプの点灯に必要な高圧電源を生成，制御するインバーター基板，デジタル信号を処理し液晶パネルに供給するメイン基板がある。

〔構造図・液晶テレビ〕

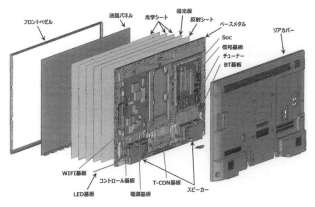

2 出火原因の調査

鑑識のキーポイント

基板部
- A-1 ■ 基板の半田不良
- A-2 ■ 電子部品の不良・故障

コード
- B ■ 電源コードが燃える

質問のキーポイント

1：テレビを見ていたか？
2：スタンバイ状態であったか？
3：メインスイッチを切っていたか？
4：画面，音声に異常はなかったか？
5：どんな色の煙がどの辺から出てきたか？

テレビ　31

3 鑑 識

A－1 ■ 基板の半田不良により出火

基板に電子部品を半田で取り付ける際，端子の半田付け部分の接触不良により発熱出火する。（電気衣類乾燥機A－1参照）

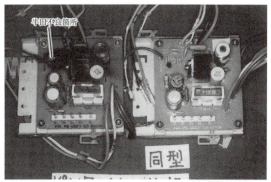

写真A－1　ピンクッション基板（高圧部）の青配線の半田付け
　　　　　不良箇所　(カラー写真 p.①)

〈見分ポイント〉

1　基板のうち，高い電圧及び電流値が大きい部分に著しい焼損が見分される。

2　基板に取り付けている部品（足）の周囲が焼損しているのが見分される。あるいは部品の端子が溶融しているのが見分される。

3　基板の半田付けに亀裂が入っているのが見分される。

A-2 ■電子部品の不良・故障

基板に取り付けられている電子部品の不良及び故障により発熱出火する。

写真A-2-1　電源基板の電子部品の端子間で短絡（カラー写真 p.②）

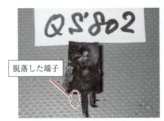

写真A-2-2　電子部品の端子が1本脱落している。
（カラー写真 p.②）

写真A-2-3　残存している端子の1本に炭化物が付着している。
（カラー写真 p.②）

〈見分ポイント〉

1　基板にほこり等が付着していないか見分する。

2　焼損，短絡した電子部品が何かを確認する。

3　ヒューズの有無，溶断状況を見分する。

B■電源コードの短絡

　テレビは，壁面に押し付けられて設置されているため，テレビ付け根部分で電源コードが押さえ付けられ，短絡して出火する。（コードA参照）

白熱電球

　照明器具は，周囲を明るくする目的から，次第にインテリアとしての形態を有するようになり，多種多様のものが商品化されている。

1 原理と構造

　　電球は，アルゴンなどのガスを封入したガラス球にフィラメント（タングステン線）を入れたものが使用されている。

　　アルゴンガスを封入してある理由は，タングステンフィラメントと化学的に反応しない不活性ガスを入れ，高温度で作動するフィラメントの蒸発・飛散を抑制し，寿命を長くさせるためである。また，フィラメントには単コイルと二重コイルがある。

〔構造図〕　「火災調査ポケット必携」第7編10参照

white熱電球　35

2 出火原因の調査

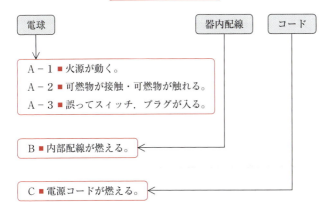

質問のキーポイント

1：通電状態であったか？
2：点灯状態として使用していたか？
3：近くに可燃物が置いてあったか？
4：使用目的以外に使用していたか？
5：引火性のものを使用していなかったか？
6：接触部が以前からおかしかったか？
7：使用中に点灯しなくなることがあるか？

3 鑑 識

A－1 ■ 火源が動いて出火

　クリップ式の電気スタンドをベッドに取り付けて点灯したまま就寝中，取付けが不完全か，寝返りなどでスタンドが傾き，布団に電球が接触して出火する。

写真A－1－1　焼けの深い部分で電気スタンドと布団に接している。電球は破損し原形はなく，電球カバーは内側部分全体が黒く変色している。

〈見分ポイント〉
1　可燃物の焼け方を明らかにする。
2　可燃物の大きさ，状態，周囲の状況，電球の種類，ワット数，形状，傘の材質を確認する。
3　ガラスの変形，変色等の溶融を確認する。
4　使用時間，通電状況を確認する。

白熱電球　37

写真A-1-2　白熱電球に布団を接触させたときの焼損状況
（カラー写真 p.③）

〔実験結果〕　「火災調査ポケット必携」第7編**12**参照

A-2 ■ 可燃物が接触し出火

照明器具のグローブ（合成樹脂カバー）上をバスタオルで覆うなどすると、放熱されずグローブ内部に熱が蓄積して溶融し、かけて

写真A-2　ユニットバス内の照明器具の焼損状況

あったバスタオルが無炎燃焼を継続して出火する。

〈見分ポイント〉

　A−1参照

A−3 ■誤ってプラグを差し込んだため出火

　ソケットにセットされている白熱電球が，棚の上に置かれた状態でプラグがコンセント付近にあったため，他の電源と間違って差し込み，接触した可燃物が無炎燃焼を継続するなどで出火する。

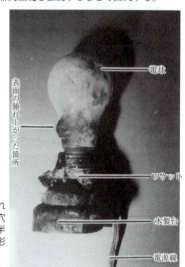

写真A−3　電球表面の膨れ上がった部分に穴が開き，側面の半分が波打って変形している。
（カラー写真 p.③）

〈見分ポイント〉

　A−1参照

白熱電球　39

B ■ 器内配線から出火

電気スタンドを長年使用していると，金属アームとベースとの角で，移動のたびごとに配線被覆が擦れて傷付けられ，心線が露出して金属と接触し短絡出火する。また，電源配線を踏まれたり，引っ張ったりして出火するケースも多い。

写真B　○印は，金属ポールに溶融が見られる。(カラー写真p.③)

〈見分ポイント〉

コードA－1参照

C ■ 電源コードの短絡

コードA参照

40　第1編　電　気

蛍光灯

　蛍光灯は，最も普及している照明器具である。蛍光管は，直管型や丸型が一般的であるが，Ｕ字型や電球型のものもある。

1 原理と構造

(1) 原　理

　一般的な蛍光管は，ガラス管と両端に取り付けられた電極とで構成されている。

　電極はコイル状のフィラメントにエミッターという電子放射性物質を塗布したものである。ガラス管内は放電しやすいように大気圧よりも低い圧力にして，さらにアルゴンなどの不活性ガスと微量の水銀が封入されている。

　蛍光灯は，フィラメントから放射された電子が水銀蒸気の原子に衝突することで発生する紫外線が，ガラス管の内面に塗布した蛍光物質を励起して発光する。これを「放射ルミネセンス」といい，白熱電球のような温度放射とは異なり，熱による損失が少ないので明かりとして使用するのに効率の良い光源である。

　交流電源の場合は電流がゼロになる瞬間に放電が止まるので，多少ちらつきが発生する。電源周波数が50Hzの場合，毎秒100回点滅をしていることになる。

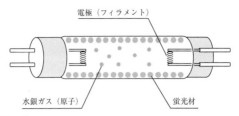

(2) 構　成

　蛍光灯は，スイッチ・蛍光ランプ・安定器・雑音防止用コンデンサ・点灯管（グロースタータ式のみ）及びこれらをつなぐ配線等から成り立っている。

　安定器には，蛍光灯に流れる電流を蛍光灯に合った値に制御する役割がある。

　蛍光ランプの始動時には高電圧が必要なため，電極の両端に通常の電圧（100V）などを加えただけでは点灯しない。このため，安定器は，ランプの点灯に必要な始動電圧と，電極に適正な予熱電圧を供給する役目がある。力率の改善や電波障害防止の機能を備えた，コンデンサを内蔵する種類もある。

　その方式によって電磁式のものと電子式のものに大別される。

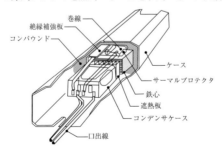

ア　グロースタータ式電磁安定器

　　グロースタータ式は，点灯管（グローランプ）を使用する。グローランプ内のバイメタル電極が放電の熱で接触し，蛍光管の電極に電流を流すことで，電極を予熱して電子を飛びやすい状態にする。その後，グロースタータの電極が冷えバイメタルが離れると電流は止まるが，このとき，安定器のコイルのインダクタンス（逆起電力）により高電圧が発生するため，これにより電極間に放電が生じ蛍光灯が点灯する。

　　その後安定器は，電流を一定に保つ働きを行う。

　　点灯管がグローランプではなく，電子点灯管のものもある。

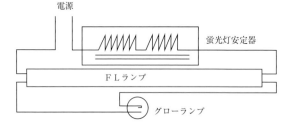

イ　ラピッドスタート式電磁安定器

　　ラピッドスタート式は，点灯管を使用しない。電源を入れると電極間に安定器の二次電圧が印加されるとともに，電極予熱巻線の電圧が電極に加わる。およそ1秒間の電極の加熱で管内に熱電子が放射され，電極間に加わった電圧で点灯する。

　　安定器に電極予熱回路と昇圧回路が付加されているため，点灯管などのスタータは不要となる。

蛍光灯　43

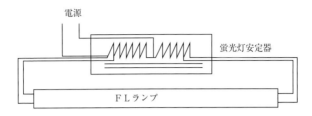

ウ　電子式安定器

電子式安定器は高周波（インバータ）式とも呼ばれる。

点灯管を必要とせず，交流電源を整流回路で直流に変換し平滑化した後，インバータで高周波交流に変換し点灯する方式である。高周波トランスで20～50kHzに昇圧した高周波電圧をかけると，蛍光灯は瞬時に点灯する。電磁安定器と比較して，省電力，高効率，低騒音で，明るくちらつきの少ない明かりとなる。

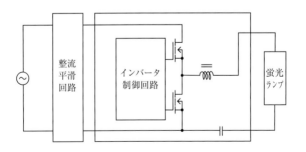

2 出火原因の調査

鑑識のキーポイント

ソケット部
- A-1 ■ ソケット・端子部の接触部過熱による出火
- A-2 ■ 蛍光管の末期現象による出火
  （インバータ式安定器の場合）

安定器
- B-1 ■ 安定器内における巻線コイルの層間短絡による出火
- B-2 ■ 基板のトラッキングによる出火

質問のキーポイント

1：出火時の使用状況
2：設置時期
3：出火直前の状況（点灯しない，点滅，異臭，異音など）
4：雨漏り等の状況

3 鑑 識

A-1 ■ ソケット・端子部の接触部過熱による出火

ソケット・端子部から出火する場合は，接触部過熱やトラッキング現象によって出火する可能性がある。

接続不良によって出火した場合，接続していた端子などの電極が溶融する。片方の極だけ溶融している場合が多いが，燃焼時間の継続の程度によって短絡やトラッキングに進展して両極導体が溶融している場合もある。

トラッキング現象によって出火した場合，両極の導体が溶融するとともに両極間の有機性絶縁物の抵抗値が著しく低下しているので，テスター等で計測する必要がある。

写真A-1　蛍光灯口金部（ソケット）の状況

〈見分ポイント〉

B-1参照

A-2 ■ 蛍光管の末期現象による出火

インバータ式安定器の場合，蛍光灯末期現象により出火する場合がある。

通常に使用している場合，フィラメントから電子放射物質エミッター（Ba, Sr, W等）が飛散し，エミッターが消耗すると電流が流れなくなる（蛍光管の寿命）が，まれに継続的に電流が流れ続け，フィラメント断線後はフィラメントとリード間で放電する場合がある。さらに，ステムガラス上のリード間で電流が流れ続け，その熱により口金樹脂から出火する。

これはインバータ方式の蛍光灯では高周波（約50kHz）を使用しているため，蛍光管に放射されているエミッターを介して，ステムガラス上等で放電，導通がしやすい状態となっているからである。

これらの対策として，最近のものは蛍光灯のランプ電圧，電流の変化を検知する電流・電圧寿命末期検知回路が安定器内にあるが，それにもかかわらず出火した事例もある。

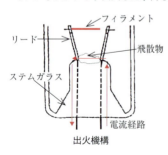

出火機構

写真A-2　蛍光管ステム内の状況
（カラー写真 p.③）

〈見分ポイント〉

B-1参照

B-1 ■ 安定器内における巻線コイルの層間短絡による出火

　経年劣化等により，安定器内の巻線コイルが絶縁劣化することにより，絶縁劣化した線間で接触し，コイルの一部が全体から分離してリング回路を形成することにより，局部的に発熱して出火する。

　また，蛍光灯内の雑音防止コンデンサなどが完全導通状態となり，安定器内コイルに電流が流れ続けることにより出火する場合もあるため，他の部分の異常の有無を確認する必要がある。

写真B-1-1　安定器の焼損状況　　写真B-1-2　安定器内のコイルの状況

〈見分ポイント〉

1　蛍光灯回路の電装品の状況（雑音防止コンデンサ，過電流防止装置，ヒューズなど）
2　安定器内の充填剤の状況（受熱によりケースの隙間から流出していないか，充填剤が焼損していないかなど）
3　安定器のコイルの巻線の状況（溶融，痕の有無など）

48　第1編　電気

B-2 ■ 基板上の短絡，トラッキングによる出火

　ラピッドスタート式安定器や電子式安定器を持つ蛍光灯は，蛍光灯内に制御用の基板を持っているため，この基板上での短絡，トラッキングにより出火することがある。

　また，基板上の異常から安定器コイルに過電流が流れ，出火する場合もある。

 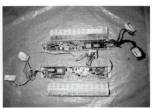

写真B-2-1　出火した蛍光灯制御基板の状況（電子式安定器）　　写真B-2-2　出火した蛍光灯制御基板の状況（ラピッドスタート式安定器）

〈見分ポイント〉

　B-1参照

ネオン灯配線

　ネオン放電灯工事は，ネオン管，ネオン変圧器，点滅器，開閉器類，一次側（低圧側）及び二次側（高圧側）の配線等からなる。それらは，ネオン変圧器を大量に使用する大規模な広告塔や小さなそで看板にいたるまでいろいろある。

1 種類と構造等

(1) 種　類

　　配線工事は，ネオン変圧器の電源側配線と分岐回路及び管灯回路の配線に区別される。

　ア　電源側配線

　　おのおのの施設場所に適応した工事方法がある。

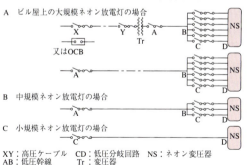

一次側配線の接続図

50　第1編　電　気

イ　管灯回路配線

　　　管灯回路は変圧器の二次側回路の配線で，ネオン電線を用い，外傷を受けるおそれのない露出場所等にコードサポート類を用いたがいし引き配線である。

(2) **原理と構造**

　　ネオン放電は，端的に言うと「一種の冷陰極放電管のグロー放電」である。それは，一端に陰極，他端に陽極を取り付けたガラス管の中の空気を真空にしてから，水銀柱の高さで数ミリ～10ミリ程度の低い気圧のネオンガス又はアルゴンガス及び水銀を封じ込む。この管に適当な抵抗を直列に結んで高電圧を加えるとグロー放電が安定して起こり，ガス特有の美しい光を出す。この放電も形式により3段階に分かれ，封入ガスの種類により発光色が変わる。

　　構造は，ガラス管と電極部分などからできている。

(3) **配線材料**

　　電線，電線管，がいし類がある。

　　ネオン放電灯配線に使用される電線には，低圧側に使われる絶縁電線又はケーブル（ＩＶ線・600Ｖゴム絶縁電線等）と，高電圧側に使われるネオン電線（ゴムビニールネオン電線・ゴムクロロプレンネオン電線等）とがある。

2 出火原因の調査

```
A－1 ■ 一次側配線が短絡して出火
A－2 ■ 変圧器二次側のネオン回路で工作物・附帯設備等に放電し
       て出火
```

質問のキーポイント

1：使用していたか？
2：調子が悪くなかったか？
3：配線用遮断器などが働いた経緯があるか？
4：使用年数と増改設の経緯があるか？
5：雑音を発生していなかったか？

3 鑑 識

A-1 ■一次側配線が短絡して出火

　ネオン変圧器一次側の低圧回路が絶縁劣化を起こして短絡し，絶縁被覆や周囲の可燃材に着火して出火する。

A-2 ■変圧器二次側のネオン回路で工作物・附帯設備等に放電して出火

　ネオン変圧器二次側のネオン回路で工作物・附帯設備等に漏洩放電を起こし出火する。

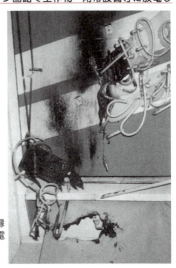

写真A-2　配線貫通部の絶縁
　　　　劣化により漏洩放電
　　　　して出火した火災
　　　（カラー写真 p.④）

〈見分ポイント〉

1　一次側並びに二次側配線の配線ルート，電気方式，配線方法，工事方法，電線サイズ及び保安装置について，目視や設計図等により確認する。

ネオン灯配線　53

2　設備が古くないか，部分的に増改設した経緯があるか，関係者に
　確認をとる。

3　配線に電気痕があったり，焼けの状況が強い場合は，周囲の造営
　材と配線の具合を慎重に見分する。

4　雨水の浸入やねずみ等により配線が影響を受ける場合もあるので
　見分する。

5　放電管に異常が認められる場合は，ガラス管やチューブサポートが
　管灯回路電圧が高いため汚損し，漏れ電流が流れて火花放電が起こり，
　電線被覆にトラッキングを生じることが考えられるので見分する。こ
　の場合は，点灯具合が悪くなっているので，関係者にも確認する。

6　漏れ電流が流れて，火花放電を起こした状況が見分される。

7　電線被覆にトラッキングを起こした状況が見分される。

8　配線が，他の造営材（金属）に接触している。

54　第1編　電　気

冷蔵庫

　最近の冷蔵庫は，保存食品の種類や食糧の増加に対応できる多ドア化や，長期保存ができ，しかも，脱臭機能付の大型化した製品が急速に普及している。また，大型で重量があることから，一度設置すると通電状態で長年そのまま使用されている。

1 原理と構造

（1）　原　理

　　　液体が気体になるとき周囲から気化熱を奪うことを応用して，これを機械的に行わせる。

（2）　構　造

　　　冷媒ガスの冷凍装置（冷凍サイクル）に必要な圧縮器（コンプレッサ，モータからなる），凝縮器（コンデンサ）及び冷却器（エバポレータ）などから構成されている。

　　　冷凍サイクルは，圧縮器によって冷媒フロンを圧縮すると，約10気圧，60℃の高温ガスになり，このガスは，冷凍庫背部に設けられた凝縮器に送られ，ここで熱を放出して30℃くらいの液体となる。

　　　高圧液体は，細いキャピラリチューブを通る間に3〜4気圧に下がり，冷却器で蒸発し，気化する際に周囲の熱を奪う。蒸発して元のガス体に戻った冷媒は圧縮器に吸い込まれ，再び圧縮されて凝縮器に送られ，上述の作用を繰り返しながら庫内を冷却する。

〔構造図〕　「火災調査ポケット必携」第7編⑩参照

冷蔵庫　55

〔配線図例〕

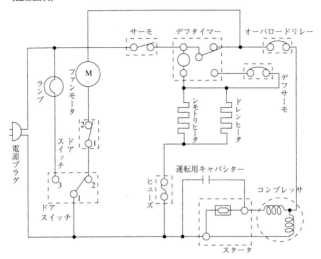

2 出火原因の調査

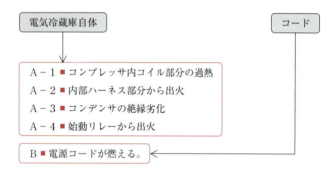

鑑識のキーポイント

電気冷蔵庫自体
- A-1 ■ コンプレッサ内コイル部分の過熱
- A-2 ■ 内部ハーネス部分から出火
- A-3 ■ コンデンサの絶縁劣化
- A-4 ■ 始動リレーから出火

コード
- B ■ 電源コードが燃える。

質問のキーポイント

1：使用していたか？
2：冷えが悪くなっていたか？
3：音がうるさくなかったか？
4：本体がよく振動していたか？
5：結露することがよくあったか？

冷蔵庫　57

3 鑑　識

A-1 ■コンプレッサ内コイルの層間短絡

長年使用により，捲線の絶縁が層間短絡して出火する。

写真A-1　捲線の層間短絡した痕の状況
（カラー写真 p.④）

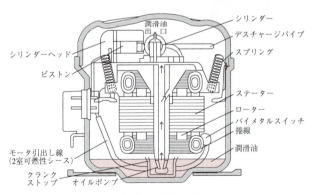

コンプレッサの断面図

〈見分ポイント〉

1　背面下部が焼損している。
2　コンプレッサの変色が強い。
3　端子部分は樹脂が溶融し原形を保っていない。
4　端子部分で内部の捲線抵抗を測定し，正常値と比較する。
5　ケーシングを切断し，内部を見分する。
 (1)　コンプレッサ内のバイメタルスイッチは焼損していない。
 (2)　リード線は焼損しているが，電気的痕は確認されない。
 (3)　内部が焼損し，捲線部分のエナメル塗料の焼け及び変色，溶け，更に短絡痕が見分される。

A－2 ■ 内部配線から出火

　背面パネルに操作回路の結束した配線の内部や，霜取りヒータの配線が経年劣化により半断線状態となったため，スパークし周囲の

写真A－2－1　背面の焼損状況
（カラー写真 p.④）

写真A－2－2　背面パネルを離脱した内部の焼損状況
（カラー写真 p.⑤）

絶縁物に着火し出火する。

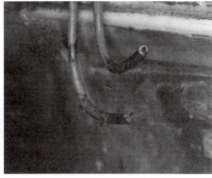

写真Ａ－２－３　霜取りヒータ線が断線し，電気痕が認められる。
（カラー写真 p.⑤）

〈見分ポイント〉

1　庫内に霜が異常に付着していないか見分する。
2　焼損が比較的著しくない場合には，正面，庫内の焼損は見分されない。
3　焼損によって心線が露出した配線を見分する。
4　電気痕が見分されたならば，図面により，配線の色等により何の配線か確認する。

Ａ－３ ■ コンデンサの絶縁劣化

　コンデンサによる場合は接続端子の緩みによる出火のほかに，コンデンサ内部素子の絶縁劣化により出火する。現在のコンデンサはＭＦタイプ（金属化プラスチックフィルムコンデンサ）が使用されており，ＭＰタイプ（金属化紙コンデンサ）に比較して内部素子の絶縁劣化は少ないが，素子内部に異物が混入されて製造された場合など絶縁劣化により出火する。この場合，素子内部に強い焼損が見

60　第1編　電　気

られ，素子の内部に至るまで強い炭化状態が見られる。

写真Ａ－３－１　背面下部のコンデンサ付近の焼損状況(カラー写真p.⑤)

写真Ａ－３－２　焼損したコンデンサの焼損状況
(カラー写真p.⑥)

〈見分ポイント〉

1　背面の底部の焼損状況が強い。

2　コンデンサが著しく溶融している。

（1）　コンデンサが絶縁劣化により発火すると，コンデンサのケース

に穴が空いたり，又は内部の電極や誘電体が強く焼損し炭化している状況が見分できる。
(2) 焼損した内部の電極や誘電体を切断すると，絶縁劣化した部分から炭化している状況が見分できる。
(3) コンデンサのリード線に短絡痕が見分できる。

A-4 ■ 始動リレーから出火

　冷蔵庫のコンプレッサに取り付けられている樹脂カバー内の始動リレー（サーミスター）がある。構造は，リレーがアークを発生しないためにPTC素子（銀メッキを施してある。）が使用され，両極間をステンレスの金具で押さえ付けてある。熱的影響によりPTC素子表面の銀が溶けて他の電極側に移動したため，短絡して出火する。

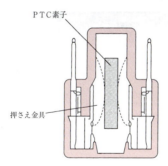

始動リレーの断面図

写真A-4-1 始動リレーの焼損を同製品と比較(カラー写真p.⑥)

写真A-4-2 始動リレー内部の焼損状況
　PTC素子を取り除いた後の,押さえ金具の溶融状況
(カラー写真p.⑥)

〈見分ポイント〉

1　始動リレーのカバーが内部から一部溶融している。
2　内部の押さえ金具及びPTC素子が破損し溶融している。

B ■ 電源コード等

　電気冷蔵庫の背面には多くの配線が組み込まれている。また,電気冷蔵庫は台所や調理場の片隅に置かれ,通常,清掃などが行き届かず,ねずみなどの巣となる場合がある。配線をかじって短絡したり,接点や端子等に排泄物などがかかり,絶縁劣化から出火する。(コードA参照)

冷蔵庫 63

写真B　背面下部　○印はねずみがかじった短絡痕

〈見分ポイント〉
1　背面下部が焼損している。
2　小動物の存在の有無や，残在するコード被覆などに歯型が残っているかなどを見分する。
3　各接続部の緩み，配線の状況や電気痕の位置など。

扇風機

　扇風機は，エアコンと比較して消費電力が少なく，節電のために使用する機会が増加している。

1 原理と構造等

　　扇風機は，首振り機能・タイマー・高さを調整できる機能・微風から強風まで風量を切り替える機能があり，風量を切り替えるには，モータの回転速度を変えなければならない。扇風機モータは，誘導型のコンデンサモータで図のように主捲線・補助捲線・回転子・コンデンサで構成されている。回転の仕組みは，補助捲線に直列に接続されているコンデンサによって進み電流が流れ，その磁界に引きずられるようにして回転子が回る。このモータに加わる電圧が100Vより小さくなれば，発生する回転磁界も弱くなり，回転子を回す力も小さく，回転速度も遅くなる。

〔構造図〕　「火災調査ポケット必携」第7編10参照

〔回路図〕

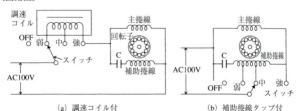

(a) 調速コイル付　　　　　　　　(b) 補助捲線タップ付

2 出火原因の調査

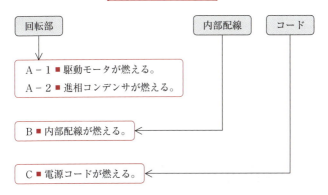

|鑑識のキーポイント|

- 回転部
  - A-1 ■ 駆動モータが燃える。
  - A-2 ■ 進相コンデンサが燃える。
- 内部配線
  - B ■ 内部配線が燃える。
- コード
  - C ■ 電源コードが燃える。

|質問のキーポイント|

1：スイッチを入れても羽根が回らない。
2：羽根が回っても回転が遅かったり，不規則である。
3：モータ部分が異常に熱い。
4：焦げくさい臭いがする。
5：長期間にわたり使用していた。
6：途中で何度か回転が止まったことがある。

3 鑑 識

A-1 ■ モータの層間短絡

モータのコイルは、一般には銅線に絶縁被覆を施したポリエステル銅線などが使用されている。コイルに使用した銅線に、微小な傷や長年使用による絶縁劣化を生じた場合、線間で接触するとコイルの一部が全体から分離してリング回路を形成する。この回路内には負荷がほとんどないため、残りの大部分のコイルと比較して多量の電流が流れ、局部発熱して発火する。

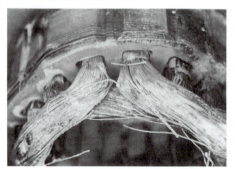

写真A-1　コイルの層間短絡により出火した状況（カラー写真 p.⑥）

〈見分ポイント〉
1　コイルの表面は、絶縁被覆が剥がれ光沢のある銅線が見分できる。
2　コイルの口出し線付近に、複数の電気痕が見分できる。

A-2 ■ コンデンサの絶縁劣化

コンデンサの中には、2枚の金属箔の電極間に誘電体として、ごく薄い紙やプラスチックフィルムを使用する。この電極間にピンホ

ールがあったり，異物が付着していると，それらが絶縁劣化を生じ，電極間に漏洩電流が増加して発火する。

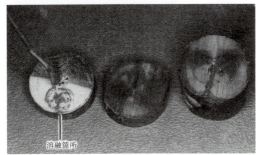

写真A－2　コンデンサが絶縁劣化により焼損した状況（焼損したコンデンサを切断したもので中央の部分が溶融している。）
（カラー写真 p.⑦）

〈見分ポイント〉

1　コンデンサが絶縁劣化により発火すると，コンデンサのケースに穴が空いたり，又は内部の電極や誘電体が強く焼損し炭化している状況が見分できる。
2　焼損した内部の電極や誘電体を切断すると，絶縁劣化した部分から炭化している状況が見分できる。
3　コンデンサのリード線に短絡痕が見分できる。

B ■ 器内の配線の短絡

首振り等により配線がケーシングの角などに擦れて絶縁劣化し，両極の導体が接触して短絡すれば多量の電流が流れ，ジュール熱が発生し出火する。

68   第1編 電　気

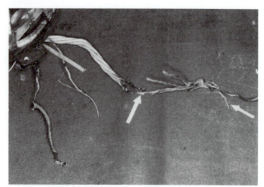

写真B　矢印は，基板からモータへ至る配線の短絡

〈見分ポイント〉

　短絡痕の位置が可動部・貫通部・配線の結束部，あるいは挟まれる部分にあるのが見分される。

C ■ 電源コードの短絡

　器内の配線の短絡と同様の現象であり，器具付きコードに短絡痕が見分できるが，この場合には器内の配線に短絡は見分できない。
　（コードA参照）

洗濯機

　従来は縦型洗濯機が主流であったが，近年はドラム式や乾燥機能付きの洗濯機が普及しており，乾燥機能付きのものは消費電力も大きなものとなっている。

1 原理と構造

　(1)　二槽式

　　この洗濯機は，洗濯とすすぎを行うパルセータのある洗濯槽と，脱水する遠心脱水槽とからなっている。洗濯槽及び底部のパルセータもポリプロピレン樹脂で形成され，洗濯モータによりVベルトで駆動されている。また，脱水槽は，ポリプロピレン樹脂製又はホーロー製の穴の空いたかごがあり，脱水かごは脱水モータに直結されて，モータと同じ速度の高速回転をする。脱水モータは洗濯モータと同じコンデンサモータが使われている。

〔構造図〕　「火災調査ポケット必携」第7編10参照

　(2)　全自動式

　　この洗濯機は，鋼板又はポリプロピレン樹脂で作られた脱水バスケットと，ホーロ製又は樹脂製の洗濯槽の二重構造になっている。モータは1つで，クラッチの作用によりパルセータ及び脱水バスケットへの回転を切り替えている。全自動洗濯機の動作を制御するのはタイムスイッチで，この中に組み込まれているシンクロナスモータ（回転電機：回転運動を線路を用いて遠方に伝達するもの）によってカム群を回転させ，このカムに付属する接点機

構により給水→洗濯→すすぎ→脱水までを制御し自動化している。

〔構造図〕

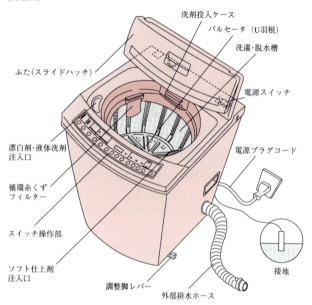

- 洗濯モータ：洗濯側には通常4極のモータを使用し，補助捲線側にコンデンサを直接接続している。また，これは，主捲線と補助捲線と同じ設計にした可逆回転高トルクモータである。
- 脱水モータ：脱水モータは通常4極のモータのほか，超高速脱水用の2極のモータがある。これらのモータも洗濯側と同じようにコンデンサを接続して始動，運転をする。また2極モータをベースにして，始動時の回転数を使い分ける2スピ

ード脱水用のモータもある。

2 出火原因の調査

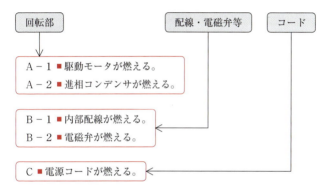

質問のキーポイント

1：スイッチを入れてもパルセータが回らない。
2：パルセータが回っても回転が遅かったり，不規則である。
3：モータ部分が異常に熱い。
4：焦げくさい臭いがする。
5：長期間にわたり使用していた。
6：途中で何度か回転が止まったことがある。
7：排水時「バチャバチャ」と異音を発生させる。

3 鑑識

A−1 ■モータの層間短絡 （扇風機A−1参照）

長年使用によりモータコイルの絶縁が劣化し層間短絡により出火する。

写真A−1　絶縁劣化で層間短絡したモータの捲線の状況（カラー写真 p.⑦）

〈見分ポイント〉

モータコイルに短絡痕が見分される。

A−2 ■コンデンサの絶縁劣化 （扇風機A−2参照）

モータ始動用コンデンサの絶縁劣化で出火する。

写真A−2　絶縁劣化で一部黒く炭化したコンデンサ（カラー写真 p.⑦）

〈見分ポイント〉

コンデンサの内部が強く炭化している。

洗濯機　73

B-1 ■ 器内の配線の短絡

　器内の配線が振動等により，結束部分等で被覆が損傷し短絡出火する。

写真B-1-1　器内配線を結束している部分に電気的な溶融痕が発生している状況

写真B-1-2　器内配線をケーシングに取り付けている状況

〈見分ポイント〉
1　本体等に配線の挟み留められている部分や結束バンド部分に，集中して電気的溶融痕が見分される。
2　上述の配線を留めている部分を，同機種を参考にして位置を特定すること。

B-2 ■ 排水マグネットのチャタリング

　排水時に，排水弁の作動用マグネットのコイルに不具合が発生したため，二次コイルに電流が流れず，保持できない状態となるとき

74　第1編　電気

に発生する現象である。

　このとき、吸引時に電流が流れる回路の接点が、1分間に約50〜60回動作するため、接点部分で連続にアークが発生し、そのアークによりモールド成形樹脂が発火する。

写真B-2-1　排水マグネットの接点部分がチャタリングにより溶融した状況（カラー写真 p.⑧）

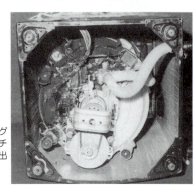

写真B-2-2　排水マグネットの接点部分がチャタリングにより、出火した洗濯機の底部（カラー写真 p.⑧）

洗濯機　　75

〈見分ポイント〉

1　排水マグネットコイルには変色はなく，捲出し線の先端に，電気的な溶融痕が見分できる。

2　開閉器の接点部分がチャタリングにより，溶融しているのが見分できる。

C ■ 電源コードの短絡

　　洗濯機は，使用時には本体のほかに洗濯物の重量と水量が加わる。したがって，電源コードがその下に踏まれたりすると，振動等の影響で短絡し出火する。（コードA参照）

76　第1編　電気

電子レンジ

　電子レンジは，最近オーブン付のものが多く，1台で調理や再加熱等ができ利便性が高いため，一般家庭から飲食店までの広い範囲にわたって普及されている。

1 原理と構造

　マイクロ波（2,450MHz）のような非常に高い周波数の電波を食品に照射すると発熱する。これは食品（誘電体物質）には下図のように分子の両端に正（＋），負（－）同じ量の電荷も持つたくさんの双極子が含まれている。これらはマイクロ波が加えられることにより，この整列方向が周波数に対応して1秒間に24億5,000万回のスピードで振動し，食品自身が摩擦熱を発生して加熱される。
・オーブン庫：電気的に密閉された食品の加熱箱
・発振部：オーブン内の食品に電波を供給するマグネトロン
・電源部：マグネトロンを動作させるのに必要な直流電源とヒータ

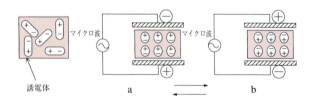

誘電加熱の原理

電源
・制御部：扉を開いたとき電波を放射させない構造や，食品に合わせて調理時間を設定するタイマー等，調理の調整や安全性などを制御する。

〔構造図〕

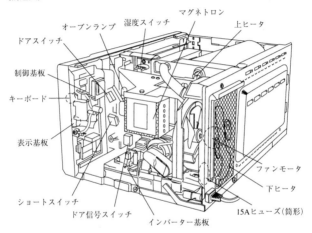

2 出火原因の調査

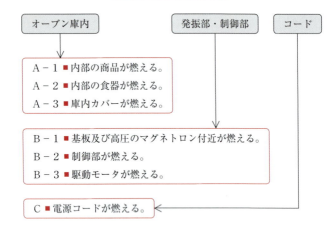

鑑識のキーポイント

オーブン庫内
- A-1 ■ 内部の商品が燃える。
- A-2 ■ 内部の食器が燃える。
- A-3 ■ 庫内カバーが燃える。

発振部・制御部
- B-1 ■ 基板及び高圧のマグネトロン付近が燃える。
- B-2 ■ 制御部が燃える。
- B-3 ■ 駆動モータが燃える。

コード
- C ■ 電源コードが燃える。

質問のキーポイント

1：電子レンジとして，使用していたか？
2：タイマーが壊れていないか？
3：調理途中で，作動しなくなることがなかったか？

電子レンジ　79

3 鑑　識

A-1 ■ 食品の過熱出火

　　食品やその包装紙が長時間過熱されると，食品が炭化し燃え上がる。これは，揚げ物・ココア・芋類・ほうれん草等が過熱されると，水分が蒸発しこれらの食品が炭化してスパークしたり，あるいは食品自身の持つ鉄分によりスパークし出火する。また，レトルト食品などに入っている脱酸素剤を入れたまま加熱すると，上述の原因で出火しやすくなる。

写真A-1　鳥の唐揚げを紙コップに入れての長時間過熱により，黒く焦げた状態

〈見分ポイント〉
1　オーブン庫のドアのガラスや各壁面に煤や油が付着している。
2　背面の合成樹脂製の排気ガイドが受熱で溶融している。

A-2 ■ 容器の放電出火

　　電波が浸透する度合いが少ない容器（スチロール・ポリエチレ

写真A-2　金属製のコップを入れたため,把手の合成樹脂から燃え上がっている状態

ン・メラミン・フェノール・ユリア）などを使用すると，電波を透過しないためにそれ自体が発熱・スパークしたり，また金属の場合には反射しこれにより周囲の食品等から出火する。（食品と一緒にホチキスの針やスプーンが入っているときも同じである。）

〈見分ポイント〉

A-1参照

A-3 ■ 庫内給電口カバーに付着した食品カスの炭化出火

写真A-3　庫内の給電口カバーが焼損した状態
（カラー写真 p.⑧）

オーブン庫内の給電口カバーが，食品のかすなどで汚れた場合，調理時に食品のかすに電波が集中し炭化し出火する。

〈見分ポイント〉
1　外観及びキャビネットには，焼損した箇所は見分されない。
2　オーブン庫のドアのガラス及び各壁面が油や食品のかす等により汚れている。
3　オーブン庫内の右側面の給電カバー（雲母・プラスチック）が焼損している。

B-1 ■ 基板に起因する事例

電源基板に，油やほこりの付着あるいは，本体内部が暖かいためにゴキブリが繁殖し，ゴキブリの糞が基板上に付着すると，異極端子間でトラッキング現象が発生し出火する。

写真B-1-1　焼損した電子レンジの電源部付近（カラー写真 p.⑨）

82　第1編　電　気

写真B-1-2　ドア上部の断熱材周辺のゴキブリの糞や死骸
（カラー写真 p.⑨）

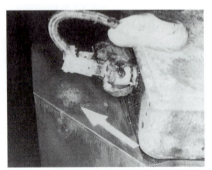

写真B-1-3　マグネトロン接続端子及び放熱
板の放電状況（カラー写真 p.⑨）

〈見分ポイント〉

1　外観的には，右側面(操作パネル側)のキャビネットが焼損している。

2　オーブン庫内には，煤は見分されない。

3　キャビネットを取り外すと，天板・断熱材・基板など一面に，ゴ

キブリの糞や死骸が付着している。
4 基板上のトラッキングの場合
　制御用と電源用の２種類の基板のうち、電源用基板が著しく焼損している。
5 漏洩放電による場合
　マグネトロン接続端子の付近の放熱板に放電痕がある。

B-2 ■制御部の接触不良

　ラッチスイッチは、扉を開いたときに電源を切り、外部に電波を放射させないためのリミッタースイッチで、使用中に頻繁に扉を開くと接点部分が磨耗し接触不良により出火する。

写真B-2　マイクロスイッチの焼損状況（カラー写真 p.⑩）

〈見分ポイント〉
1 外観的には、右側面(操作パネル側)のキャビネットが焼損している。
2 オーブン庫内には、煤は見分されない。
3 オーブン庫のドアを開くと、ドアスイッチの合成樹脂製のラッチ

が溶融,あるいは破損している。
4 キャビネットを取り外すと,操作パネル側の焼損が著しい。
5 リミッタースイッチの接点間の抵抗をテスター等で測定すると,数Ωから数十Ωの抵抗値が測定される。

B-3 ■ 駆動モータの層間短絡

制御モータや送風用モータの捲線が層間短絡を起こして出火する。

写真B-3　調理皿回転駆動モータの焼損状況(カラー写真p.⑩)

〈見分ポイント〉
1 外観的には,右側面(操作パネル側)のキャビネットが焼損している。
2 オーブン庫内に煤は見分されない。
3 キャビネットを取り外すと焼損が著しく,捲線に短絡痕が見分される。

C ■ 電源コードの短絡

電子オーブン・レンジは,かなりの重量があるため,電源コードがその下に踏まれたりすると出火する。(コードA参照)

電気衣類乾燥機

　最近，洗濯時間の朝から夜への移行と，空気の汚れや，洗濯物を見られたくないといったことなどから，衣類乾燥機が普及している。熱風で「乾かす」ので，雨でも，夜でも，洗ったものは確実に乾燥でき，「干す」「取り込む」手間も省け，狭い干し場で困っている家庭にはうってつけなのが，衣類乾燥機である。

1 原理と構造

　乾燥機の裏側のモータにプーリーが取り付けられ，ベルトを経由してドラムを回転させる。

　ファンが高速で回転すると，ドラムの中の空気を吸い込み，ドアの下の吸気口から冷風が吸い込まれ，ヒータを通過する間に熱風になる。

　ドラムの中の洗濯物は，ドラムの中の凸部であるバッフルで持ち上げられ，ゆっくりした回転のため，上部から落下し，このとき熱風を受け，水分が蒸発し，その湿気はファンケースを通って排気口より排出する。

　乾燥機のドアが開いたときは，確実に回路が切れるような機構になっている。

86　第1編　電　気

〔配線図例〕

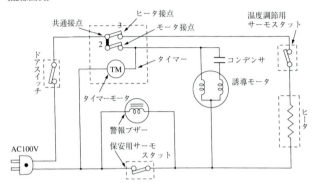

〔構造図例〕

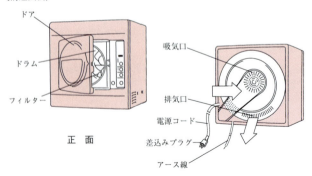

正　面　　　　　　　　　　　背　面

電気衣類乾燥機　87

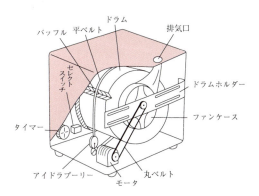

裏面から見た乾燥機

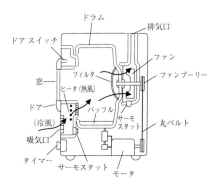

冷風・熱風の流れ

2 出火原因の調査

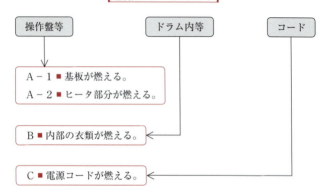

質問のキーポイント

1：電気衣類乾燥機を使用していたか？
2：タイマーが壊れていないか？
3：臭い等はしなかったか？
4：乾燥中に，作動しなくなることがなかったか？
5：洗濯時の漂白剤，灯油等の使用の有無はなかったか？

電気衣類乾燥機　89

3　鑑　識

A－1 ■ 基板から出火

　操作パネルに取り付けられた2枚の基板のうち，電源基板に接続されたリード線端子の半田付け部分が接触不良により発熱し出火する。

写真A－1－1　正面の操作パネルの焼損状況

写真A－1－2　基板の焼損箇所（カラー写真 p.⑩）

写真A-1-3　矢印はリード線の端子が接触不良により過熱し，溶融している状況（カラー写真 p.⑩）

〈見分ポイント〉

1　操作パネルの表面の樹脂が焼損しているのが見分される。
2　2種類の基板のうち，電源基板が著しく焼損しているのが見分される。
3　基板端子部分が欠落した場合には，欠落した部品の端子の先端が溶融している状況を確認する。

電気衣類乾燥機 91

A-2 ■ ヒータ部分から出火

衣類の残留塩素から発生した塩素ガスが、ハニカムヒータに付着した黄銅電極の成分である亜鉛を腐食させたため、電極部で導通不良の状態となり、通電時に生じた放電火花が、PTCヒータ（ハニカム型）に付着していた綿ぼこりに着火し出火する。

写真A-2-1　ドラム内の焼損状況（カラー写真 p.⑪）

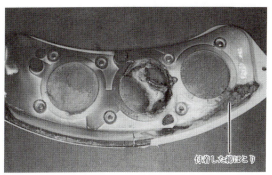

写真A-2-2　PTCヒータを見分すると、綿ぼこりの付着が認められ、中央のヒータの溶融・破損と、左右のヒータに緑色の変色が見られる。（カラー写真 p.⑪）

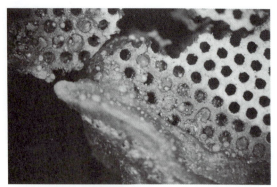

写真A−2−3　中央のPTCヒータを拡大すると，無数のスパーク痕が見分される。(カラー写真 p.⑪)

〈見分ポイント〉

1　内部の樹脂製カバーが溶融している。

2　電極が変色，溶融部分が確認される。

3　綿ぼこりの付着が見られる。

4　PTCヒータに無数のスパーク痕が見られる。

5　漂白剤が塩素系であることを確認する。

B ■ 内部のタオルから出火

　植物油等を拭き取った，おしぼりタオルを多量に入れ乾燥後放置しておいたため，酸化発熱し出火する。

電気衣類乾燥機　93

写真B　ドラム内の焼損した状態

〈見分ポイント〉

1　ドラム内の衣類の種類及び油の種類やヨウ素価を確認する。
2　電源・スイッチの作動状況（タイマーの設定時間）を確認する。
3　他の装置の焼損状況及び異常の有無を確認する。

C ■ 電源コードの短絡

　　コードA参照

94　第1編　電　気

コード

　家電製品の電源コードは，使用状態が悪いと傷みやすく，更にコードを強く引っ張ると，プラグの刃先が曲がったり緩みの原因になる。延長コードもステップルや釘などで固定することは法律で禁止され，表示された定格値を守ることが必要である。

1 種類と構造

　(1)　種　類

　　ア　電源コード：家電製品に使用されているコードをいう。

　　イ　コード：電灯器具や電気器具に用いられ，自由に移動して使える延長コードをいう。

　(2)　構　造

　　　細い銅線をよりあわせた導体を心線として，それを絶縁物で被覆したものである。

　　　素線の数と素線の直径により許容電流が定められている。

　　　電流が流れやすい電線（銅）といえども抵抗が存在し，電流が流れると必ずジュール熱が発生する。

　　　許容電流以上の電流を流すと発熱量が多くなり，絶縁物である外被が溶ける。また，半断線等があると，その部分の抵抗値が増加し局部的に発熱する。

　〔構造図〕　「火災調査ポケット必携」第7編 7 参照

2 火災原因調査

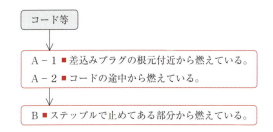

質問のキーポイント

1：使用環境及び使用状態について見分する。
2：負荷の状況について見分する。
3：ステップル等で固定していないか？
4：ブレーカーの作動状況について見分する。
5：火災前に電気関係に異常はなかったか？
6：コードを数回動かさなければ通電されないか？

3 鑑 識

A－1 ■差込みプラグの根元付近から燃えている

　壁付きコンセントとベッドの間に，衣類がぎっしりと詰まっていたため，コンセントに差し込まれていたプラグコードの根元部分が折れ曲がり，そのままの状態で長年使用したことから，抵抗値が増加して発熱し，被覆を損傷して短絡出火する。

　　写真Ａ－１－１　短絡して出火した器具付きコード（カラー写真p.⑫）

〈見分ポイント〉

1　短絡痕ができていないか見分する。
2　コードと差込みプラグの接続付近などの折れ曲がり，引っ張り等比較的強い外力がかかりやすい箇所となっていないか見分する。
3　コンセント周りに余裕がなく，近接して物（家具・調度品等）が置いてあったり，コードが重い物の下敷きになっていないか見分する。
4　焼損したコードの心線が，局部的に固くなっていないか見分する。

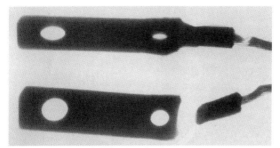

写真A-1-2　接触部過熱の火災状況

A-2 ■ コードの途中から燃えている　No.1

　長年使用されていた延長コードを床に転がして使用していたため，踏付け等により絶縁被覆が傷められ，心線が接触してスパークし出火する。

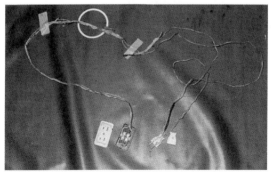

写真A-2-1　延長コードの焼損状況

写真Ａ－２－２　延長コードの短絡箇所（カラー写真 p.⑫）

〈見分ポイント〉
1　両極の電線に外力が加わっているか見分する。
2　火災熱によって絶縁被覆が溶融し，短絡する場合があるので，短絡痕の特徴を見極める。
3　短絡痕の付近の物品状況と，器具の使用や負荷の状況を見分する。

Ａ－２ ■ コードの途中から燃えている　No.2

　延長コードが長かったので途中で束ね，電気ファンヒータと電気カーペットを使用したため，束ねた部分で発熱しジュール熱が蓄積され，塩化ビニルコードの被覆を溶融短絡し出火する。

コード 99

写真A-2-3　コードの束ねた部分から出火した状況（カラー写真 p.⑫）

写真A-2-4　途中のコードから出火した状態（カラー写真 p.⑬）

〈見分ポイント〉

1　コードの許容電流と，通電中の負荷機器に流れる電流の合計値を確認し，比較検討する。
2　断線部分やコードの短絡が数箇所見分される。
3　コードの上に布団等の蓄熱する物が載っていなかったか見分する。

A-2 ■ コードの途中から燃えている　No.3

壁付きコンセントからスイッチを介して蛍光灯にいく配線を床に沿って配線していたため，店舗で使用するワゴン等で押されていたことから，長年使用しているうちに被覆が傷付けられ，短絡し出火する。

写真A-2-5　短絡箇所付近の状況

〈見分ポイント〉

1　物品の配置に注意する。
2　通電中であることを確認する。
3　断線部分やコードの短絡箇所を確認する。

B ■ ステップルで止めてある部分から燃えている

居室等の柱などに露出配線を行ったり，コードを床に転がしてステップルや釘などで止めた際，絶縁被覆にステップル等が食い込んだり，強く打ちつけすぎたりしたため，長年使用しているうちに被覆が徐々に損傷していき，発熱したり短絡して出火した。

コード　101

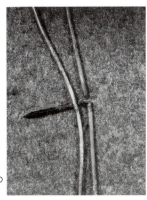

写真B　ステップル止め

〈見分ポイント〉

1　ステップル等が溶融しているか見分する。
2　ステップル周辺のコードの状況を見分する。
3　断線部分やコードの短絡箇所とステップル等の位置関係を確認する。

プラグとコンセント

　プラグの多くは，家電製品の電源コードに使用され，現在ではユリア樹脂製のものから塩化ビニル樹脂製のものに代わってきている。

　その刃受けの形状は，2極や3極又はアース端子付のものなど数十種類に及んでおり，その使用用途によって使い分けされている。

　また，コンセントについてもプラグに応じた形状をしている。家庭においては，使用されていない家電製品であっても，コンセントにプラグが差し込まれていることが，出火の要因となっている。

1 種類と構造

(1) 種　類

　　ア　プラグ：キャップの材質は，プラスチック製・ゴム製及び塩化ビニル製のものがあり，塩化ビニル製については昭和40年頃から製造され，現在ではほとんどの家電製品の電源コードに使用されている。

　　イ　コンセント：引掛，防水，埋込，非常コンセント型等の多くの種類があり，その用途に応じて使用されている。

(2) 構　造

　　お互いに接続した場合に刃先と刃受けが噛み合うようになっているもので，緩みや許容電流以上の電流を流すとその部分で発熱する。

〔外観図〕　「火災調査ポケット必携」第7編**11**参照

2 出火原因の調査

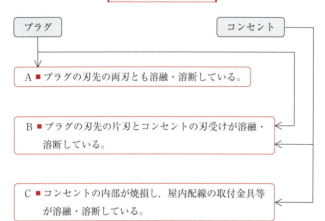

|鑑識のキーポイント|

プラグ　　　　　　　　　　　コンセント

A ■ プラグの刃先の両刃とも溶融・溶断している。

B ■ プラグの刃先の片刃とコンセントの刃受けが溶融・溶断している。

C ■ コンセントの内部が焼損し，屋内配線の取付金具等が溶融・溶断している。

|質問のキーポイント|

1：使用環境及び使用状態について見分する。
2：負荷の状況について見分する。
3：ブレーカーの作動状況について見分する。
4：火災前に電気関係に異常はなかったか？

104　第1編　電　気

③ 鑑　識

A ■プラグの刃先が両方とも溶融・溶断している（トラッキング）

　　コンセントに長期間プラグを差し込んだままの状態で使用したり，コンセントの前に物を置いたため清掃が行き届かずプラグ周辺に綿ぼこりや湿気が付着したりすると，これが要因となってプラグ両刃間でトラッキング現象が起き出火する。

条　件

（1）　使用期間

　　　例外的に短いものもあるが，ほとんどが長期間（おおむね7年以上）使用されている。

（2）　施設場所

　　　火災が発生した差込みプラグの施設場所は，物の陰や水気のある場所又は北側の結露しやすい壁面であり，埃や水分など導電性物質がたまりやすい状況となっている。

（3）　接続状況

　　　接続されている負荷は，比較的大容量で据え付けた形の物が多く，使用に合わせてプラグを抜き差しする習慣がないところでは，ずっとプラグを差したままであったと推定される。

（4）　残存状況

　　　いずれも絶縁物や焼損の程度によらず，刃先の絶縁物との付け根部分が溶断又は溶融痕を残している。

発生のメカニズム

（1）　刃先間の絶縁物上に導電性の溶液又は塵埃を含む水分などが存在したとき，沿面に漏洩電流が流れる。この電流によってジュール熱が発生し，絶縁物上の水分が蒸発する。このとき導電路が断たれ，

瞬間的にその境界線が最大の電位傾度となり，小さなアーク閃絡が起きる。このアーク熱によって絶縁物が炭化（グラファイト化）する。
(2) 一度炭化部分ができると漏れ電流は常にその部分に集中し，炭化部分の近くでアークが発生する状態が繰り返され，炭化導電路がプラグの刃先間で発生する。
(3) この過程において，アークで発生した熱によって，刃先の絶縁物が加熱される。この加熱により，絶縁物の成分が気化し発火に至らせる。塩化ビニル製のプラグであることから，熱によって気化した自己消炎性を有する塩素ガスが発熱部の周囲を取り巻くことにより，逆に刃先間の絶縁物の燃焼を抑え，内部の温度を高温にするため，刃先の溶融を引き起こすと考えられる。

写真A−1　トラッキング火災の状況（カラー写真 p.⑬）

〈見分ポイント〉
1　プラグ両刃の根本が溶融・溶断している。
2　コンセントの刃受け内にプラグの刃先の先端が溶融し，刺さっていることもある。
3　テスターによる焼損物の導通を確認する。

写真A-2 実験状況

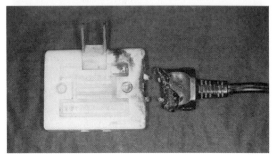

写真A-3 刃先のトラッキングの状況(プラグと三口タップ)

B ■ プラグの刃先の片刃が溶融・溶断している（接触部過熱）

　プラグの刃先は，使用状態が悪かったり長年使用等により，コンセントの刃受け等との間で，電気的に接触不良となり接触抵抗の増加によって過熱し出火する。

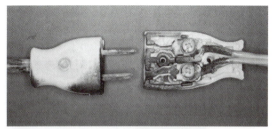

写真B-1　コードコネクタの接触部分過熱の状況

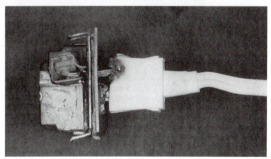

写真B-2　刃受けの溶断状況

〈見分ポイント〉

1　接続端子がある場合は，ビス等の緩みや溶融状況や変形状況を確認する。
2　接触部の溶融痕，亜酸化銅の状況を確認する。

3 接触部の平常時・出火時の回路負荷の状況を確認する。
4 負荷が使用状態にあったかどうか確認する。

C ■ コンセント内部から出火し内部の接続器具が溶断（接触部過熱）

　刃先と電線の接続状況が悪かったり，長年使用等により緩みが生じたりすると，当該部分の間で電気的に接触不良となり，接触抵抗の増加によって過熱し出火する。

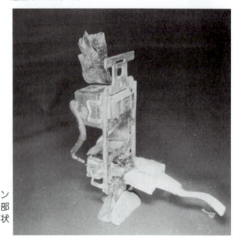

写真C　コンセントの接触部分過熱の状況

〈見分ポイント〉
1 接続端子がある場合は，ビス等の緩みや溶融状況や変形状況を確認する。
2 接触部の溶融痕，亜酸化銅の状況を確認する。
3 接触部の平常時・出火時の回路負荷の状況を確認する。
4 負荷が使用状態にあったかどうか確認する。

静電気

　最近の静電気による災害は，各種新素材や新物質の誕生，新しい製造方法・工程の導入などに伴い，その態様も大きく変化しつつある。また，静電気の放電によるマイクロエレクトロニクス機器の誤作動など，静電気が改めて重要視されるようになっている。

1 静電気の発生・帯電・放電現象

(1) 静電気の発生と帯電

　静電気の発生は，主として2つの物体の接触・分離等の力学的運動により，本来電気的に中性状態である物体の正又は負のどちらか一方の極性電荷がほかよりも過剰になる現象である。この過剰電荷のことを静電気といい，発生した静電気が物体上に蓄積することを帯電という。

　静電気の発生機構には，接触分離による発生・破壊による発生・静電誘導による発生などがあり，静電気の帯電現象には，摩擦帯電・剝離帯電・誘導帯電・流動帯電・衝突帯電・攪拌帯電・噴出帯電・粉砕帯電などがある。

(a) 接触による電荷の移動

(b) 電気二重層の形成

(c) 分離による静電気の発生

接触分離による静電気の発生

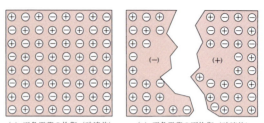

物体の破壊による静電気の発生

(2) 静電気の放電現象

ア 静電気放電の発生

　　静電気放電は，静電気の電離作用であり，放電が起こると帯電物体に蓄積されていた静電気エネルギーが放電エネルギーとなって放出される。このとき，熱・破壊音・発光・電磁波等となって消費される。この放電エネルギーが大きいと可燃物への着火等を引き起こし，火災等の原因となる。

イ 静電気放電の形態

　　コロナ放電・ブラシ放電・火花放電・沿面放電，雷状放電などがある。

「火災調査ポケット必携」第7編13参照

静電気　111

② 火災原因調査

鑑識のキーポイント

静電気自体

出火当時の作業内容，行動・状態等が，静電気発生の可能性の
あること。

着火物である可燃性ガス，粉じん又は蒸気が，静電スパークで
着火する状態にあること。

ほかに火源となるものがなく，あるいは存在してもそれによる
ものではないこと。

温度・湿度・気温・季節等の自然影響はどうか。

　静電気火災は他の電気火災と異なり，見分できる証拠が残らな
い。静電気の場合は，スパークが発生して着火しても金属体などに
スパーク痕が残ることはほとんどなく，また熱的変化も認められな
い。このようなことから，静電スパークが発生したことを立証する
ことは困難性があり，その立証は状況証拠によるほかはない。

質問のキーポイント

1：瞬間的に火災に至らせることができる着火物（可燃性ガス，粉じん，蒸気）濃度が爆発限界内にあるかどうか。また，静電エネルギーが十分あり，静電スパークが発生したかどうか。

2：前1の状況が，作業行程の中でどの箇所で発生したか。また，人的行為があったかどうか確認すること。

3：過去に，作業行程の中で静電スパークを生じたり感じたことがあったか。また，測定可能であれば測定によって確認すること。

4：火源の否定は，実際には困難な場合がある。

　他の火源といっても注意深く広範囲に調査する必要があり，見落とさないように慎重に行う一方，関係者等の聞き込みを十分行い検討を重ねる。

3 鑑 識

取扱物質に関する事項

(1) 物質及び混合物の沸点・引火点等

(2) 取扱条件と爆発限界の関係

(3) 導電率と帯電量

(4) 着火エネルギー

(5) 温度と蒸気圧の関係

(6) 親水性，疎水性，禁水性等の有無

過程に関する事項

(1) 操作・取扱条件等（温度，圧力，量）の変化とその範囲

(2) 帯電量の変化の状況

(3) 緊急遮断・非常停止の波及効果

(4) 異常時における危険要因

(5) 作業者の介在と誤操作発生の有無

設備に関する事項

(1) 設備の立地・配置・位置による危険要因

(2) 危険度の高い設備が他の設備に及ぼす影響

(3) 設備故障時に発生する危険要因

(4) 設備の点検時に発生する危険要因

(5) 設備操作のための通路・空間に存在する危険要因

114　第1編　電気

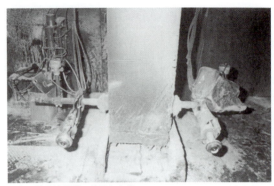

写真　静電塗装機の静電気火災
　　本体左右のノズルが上下動する。左側のノズルに帯電しており，人体との間にスパークし火災となったもの

〈見分ポイント〉

1　各事項について，状況を確認できるものは確認把握する。
2　関係者や担当者を有効に活用し，各要因をチェックしていく。
3　焼けの状況を的確に把握し，出火箇所を特定できる場合は出火箇所から出火要因を考察する。
4　物性値（気体・固体・液体・粉体等）について，参考文献から爆発限界や最小着火エネルギー等をつかみ，当てはめて考察してみる。

リチウムイオン電池

リチウムイオン電池はエネルギー密度が高く，携帯電話，ノートパソコン，モバイルバッテリ等をはじめ幅広い電子・電気機器に搭載するのに最適な充電式の電池である。

1 原理と構造

(1) 原　理

　　リチウムイオン電池の反応原理は，充電時には正極の活物質（コバルト酸リチウム等）からリチウムイオンが脱離し，負極の活物質（黒鉛等）に移動して，電子の授受とともに負極活物質に取り込まれ，放電時にはその逆反応が起こる。

(2) 構　造

　　リチウムイオン電池は，コバルト酸リチウム等の活物質をアルミ箔に塗布した正極板，黒鉛等の活物質を銅箔に塗布した負極板，セパレータの4層を渦巻き状に巻き，外装缶に収納したスパイラル構造となっている。

〔構造図〕

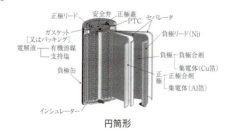

円筒形

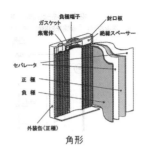
角形

(3) 長　所

　ア　リチウムイオン電池は，高電圧・軽量で，ニッケル水素電池やニカド電池と比較し，高いエネルギー密度である。

　イ　電圧は，ニッケル水素電池やニカド電池の約3倍で，3.2～3.8Vの高電圧である。

　ウ　浅い充電と放電を繰り返すことで電池自体の容量が減ってしまうメモリー効果がなく，寿命が長い。

　エ　充放電サイクルに耐え，長期間使用することができる。

(4) 短　所

　エネルギー密度が高く，可燃性の有機溶剤の電解液を使用しているため，短絡時の異常時に発火事故を起こすおそれがある。

リチウムイオン電池　　117

2 出火原因の調査

鑑識のキーポイント

> リチウムイオン電池

- A－1 ■ 外部からの影響により短絡して出火
- A－2 ■ 内部で短絡して出火

質問のキーポイント

1：普段の使用状況？

2：充電状況？

3：使用年数？

4：調子が悪くなかったか？

5：専用の充電器を使用していたか？

3 鑑 識

A−1 ■ 外圧により内部の電極板が短絡して出火

リチウムイオン電池に外圧を加えることで，内部の正極板と負極板が短絡し，急激に過熱後，揮発した有機溶剤の電解液に着火して出火する。

写真A−1−1　外装缶に穴が開いている状況（カラー写真 p.⑬）

写真A−1−2　外装缶が変形している状況（カラー写真 p.⑬）

リチウムイオン電池　119

A−2 ■ 内部で短絡して出火

　異物の混入等により内部の正極板と負極板が短絡し，急激に過熱後，揮発した有機溶剤の電解液に着火して出火する。

写真Ａ−２−１　焼損している外装の状況（カラー写真 p.⑭）

写真Ａ−２−２　モバイルバッテリを展開した状況（カラー写真 p.⑭）

120　第1編　電　気

写真A-2-3　セルを展開した状況
（カラー写真 p.⑭）

写真A-2-4　電極板を展開した状況（カラー写真 p.⑮）

写真A-2-5　写真A-2-3,4の電極板（負極板）が短絡して溶融
している状況（カラー写真 p.⑮）

リチウムイオン電池　　121

〈見分ポイント〉

1　落下させたり，ぶつけたりしていないか，関係者に確認する。

2　外装缶から内部の電極板が露出していない場合は，電圧を確認する。

3　リチウムイオン電池が短絡により発火すると，リチウムイオン電池のケースに穴が開いたり，又は内部の電極板が強く焼損し炭化している状況が見分できる。

4　焼損した内部の電極板を展開すると，残存している負極板に溶融している状況が見分できる。

第2編　燃　焼

ガステーブル

　ガステーブルは，普通グリルとガス消費量の異なるこんろを2〜4個を組み合わせて一体とした調理器具であるが，ガステーブルとガスオーブンを組み合わせたレンジと呼ばれるものなどもある。

1 種類と構造

(1) 種　類

　操作方法の違いにより，次のように分類される。

（スイッチ）	（器具栓）	（点火装置）

```
┌─ プッシュ式 ──── バルブ ──┬─ スパーク式（圧電式）
│                            └─ 連続スパーク式（電池式）
│  ┌ボタンタッチ┐
│  └ピアノタッチ┘
├─ 押下げ式 ──── バルブ ──┬─ スパーク式（圧電式）
│                           └─ 連続スパーク式（電池式）
│
└─ 押回し式 ──── 閉子 ────┬─ スパーク式（圧電式）
                            └─ 連続スパーク式（電池式）
```

(2) 構　造

　ガステーブルの構造は図のとおりである。

・点火スイッチ：点火，消火の操作をするもので，プッシュ式，押下げ式，押回し式などがある。

・器具栓：ガスをバーナーへ出したり止めたりコントロールする部分で，閉子（コック）タイプと弁（バルブ）タイプがある。

〔点火スイッチの略図〕

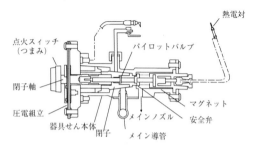

押回し式

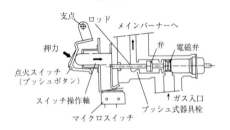

プッシュ式

・バーナー：ガスが燃焼する部分
・点火装置：バーナーへ流れたガスに点火する装置で，スパーク式（圧電装置と点火プラグで構成）と連続スパーク式（電池又は100Ｖ電源と点火プラグで構成）がある。
・立消え安全装置：バーナーの火が消えたとき，生ガスが出るのを防止する装置で，熱電対と電磁弁で構成されている。

ガステーブル 127

〔構造図〕

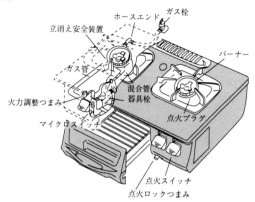

2 火災原因調査

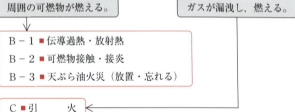

質問のキーポイント

1：出火時, 器具を使用していたか？
2：火災発見後, 消火のためスイッチを操作したか？ (消防隊を含む。)
3：設置の経過 (新規購入, 中古等)
4：ホースの色・亀裂, 経過年数, 臭いの有無

3 鑑 識

A-1 ■ ガス栓（元栓）の開閉の状態

〈見分ポイント〉

1　ハンドルの方向の確認
2　閉子の方向の確認

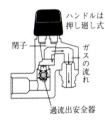

写真A-1　（カラー写真 p.⑯）

A-2 ■ 器具栓の作動状況

押し回しタイプ

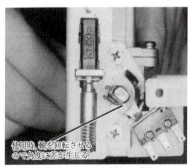

写真A-2-1　（カラー写真 p.⑯）

〈見分ポイント〉

1　図の閉子軸「切欠き」の回転角度の確認
2　閉子の方向の確認（A－1参照）

プッシュ式タイプ

〈見分ポイント〉

1　ロッドの煤の付着状況の確認
2　スイッチ操作軸の押込みの確認
3　スイッチ部分が不燃性のときは，スイッチの作動状況の確認

写真Ａ－2－2　ロッドの煤の付着状況：使用の位置に変色層がある。
（カラー写真 p.⑯）

 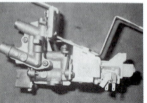

写真Ａ－2－3　マイクロスイッチ起動レバーの押込み状況

ガステーブル　131

写真A-2-4　使用・未使用時のレバーの位置

A-3 ■ 点火装置（圧電式）の作動状況

〈見分ポイント〉

　点火装置が作動状態か，爪の位置で確認

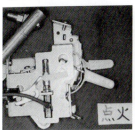

写真A-3-1

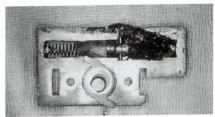

写真A-3-2
点火時の位置

B-1 ■ 伝導過熱

　　ガステーブルが壁などに近すぎると，ガステーブルの周囲を不燃性の金属板等で処置していても，下地の可燃材が伝導過熱により出火する。

写真B-1　壁面の焼損状況

〈見分ポイント〉

1　元栓は「開」となっているか？
2　スイッチが未使用の位置のときは，関係者又は消防隊が戻したか確認する。
3　内壁仕上げ材がステンレス板・タイル等の不燃材料のときは，破壊して内部の木ずりや柱が強く焼けているか見分する。

B-2 ■ 接　炎

　　グリルで調理中の食品がバーナーの火で燃え出し，更に排気口から伸びた炎で周囲の可燃物に延焼する。

　　また，グリル内や鍋の側面に付着していた油かすに着火，使用中に着衣が炎に接触，上部にかけておいたタオル等が落下するなどで出火する。

ガステーブル 133

写真B-2 焼損状況

〈見分ポイント〉

1 スイッチが未使用の位置のときは,関係者又は消防隊が戻したか確認する。
2 グリル内の食品の焼損状態を見分する。
3 周囲の可燃物の位置を見分する。
4 器具の使用立証については,A-2・A-3参照

B-3 ■ 天ぷら油火災（放置・忘れる）

天ぷら油加熱中や揚げ物中に,火をつけたまま電話

写真B-3 天ぷら油の過熱によって出火

等に出てしまったため,天ぷら油が発火し出火したり,鍋で食物を煮込み,放置したため食物が燃えて出火する。

〈見分ポイント〉
1 鍋を中心に,上方へ燃え上がった焼損状況があるか。
2 鍋内の炭化物を詳細に見分する。
3 スイッチが未使用の位置のときは,関係者又は消防隊が戻したか確認する。
4 器具の使用立証については,A-2・A-3参照
5 調理油過熱防止装置が設置されていないコンロであることを確認する。

C ■ ガスの漏洩

スイッチが押回しタイプの場合,器具栓からガスが漏れないようにするため,閉子とボディーには,気密保持用のグリスが塗ってある。長年使用すると,このグリスが切れてガスが漏れ,点火時の火花などにより引火して出火する。他のガス漏洩の原因としては,接

写真C-1　ガスレンジの状況

続部の緩み，ガスホースの劣化による亀裂等，ガス配管の腐食，接続具の選択ミスなどがある。

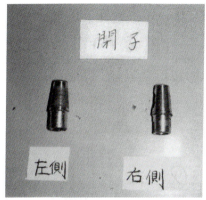

写真C-2　閉子の状況（カラー写真 p.⑰）

〈見分ポイント〉

1　緩み・がたつき等，器具栓の取付状態を見分する。
2　器具栓を外し，気密試験で漏れを確認する。
3　閉子のグリスの塗布状態を見分する。
4　ホースバンドの有無を見分する。
5　ホース接続部及びホースの劣化がないか見分する。
6　規格に合わないホース等が接続されていないかどうか見分する。

無煙ロースター

　焼き肉店において，客席で調理をする際の油煙や臭気をロースターの直近で吸い込み，ダクトを通じて屋外に排気するため装置が付随した調理器具である。

1 構　造

　無煙ロースターには，調理を行う熱源として，ガスを燃料としているロースターと，炭火等の固体を燃料としているロースターがある。さらに，点火の際にガスバーナーで炭に着火しその後は炭火を調理用の熱源とするガス着火型炭火ロースターもある。

　また，排気の方法として，上方に吸気して天井裏に配置された排気ダクトを介して屋外に放出するタイプと，下方に吸気して床下に設置された排気ダクトを介して屋外に放出するタイプがある。

無煙ロースター　137

　天井裏又は床下に設置される排気ダクトの施工方法については，可燃物からの離隔距離や断熱材の有無などに施工基準がある。

〔下引き無煙ロースターの構造〕

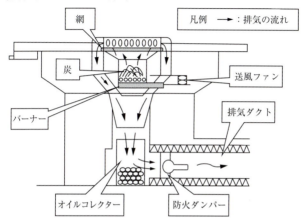

2 出火原因の調査

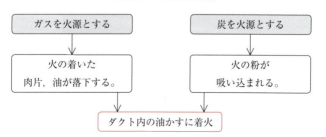

質問のキーポイント

1：店舗の営業開始時期
2：営業開始時における設備の状況（新規に設備を設置して営業を開始したか，以前も同業種で設備等はそのまま使用したかなど）
3：清掃の状況（バーナー付近，ダクト内の清掃頻度，直近の清掃時期，清掃の方法など）

3 鑑 識

　無煙ロースターの火災は，使用しているテーブルの系統の排気ダクトから出火することが多い。このことから，床材を除去して根太等の焼損状況やダクトのチャンバーを切断して出火した系統のダクトを判定する。

写真1　出火した下引き無煙ロースターの状況

無煙ロースター　139

写真2　防火ダンパーの状況　　写真3　ダクト内の焼損状況
　　　（カラー写真 p. ⑰）

〈見分ポイント〉

1　ロースターの火源の異常の有無
2　ロースター本体の変色の状況
3　オイルボックス内の状況
4　防火ダンパー（FD），自動消火装置等の作動状況
　（不作動の場合にあっては，その理由）
5　排気ダクトの施工状況
　（点検口の有無，周囲の可燃物との離隔距離，断熱材の有無等）

140　第2編　燃　焼

ガス湯沸器

　ガス湯沸器は，機能別，吸排気別，設置形態別により多種多様なものがあり，業務用から家庭用まで広く普及している。

1 作動原理（瞬間湯沸器の例）

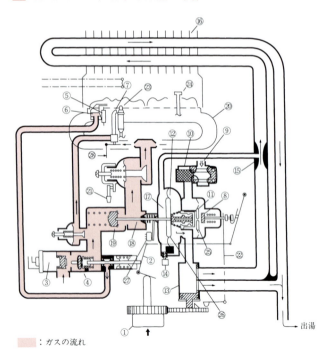

：ガスの流れ

ガス湯沸器　　141

①	操作ボタン	⑮	ベンチュリー
②	レバー	⑯	熱交換器
③	マグネット安全弁	⑰	ダイアフラム二次圧室
④	器具栓	⑱	突棒（スピンドル）
⑤	電極	⑲	水圧自動弁
⑥	一次パイロットバーナー	⑳	メインバーナー
⑦	二次パイロットバーナー	㉑	能力切替ツマミ
⑧	水栓	㉒	出水レバー
⑨	水入口	㉓	熱電対Ⅰ
⑩	ストレーナ	㉔	熱電対Ⅱ
⑪	水ガバナ	㉕	水栓ダイアフラム
⑫	ダイアフラム一次圧室	㉖	ダイアフラム
⑬	絞り軸	㉗	マイクロスイッチ
⑭	水抜栓	㉘	パイロットノズル掃除針

　操作ボタン①を押すと器具栓④及びマグネット安全弁③が開き，また，一次パイロットバーナー⑥及び二次パイロットバーナー⑦への通路が開く。それと同時にイグナイターにより一次パイロットバーナー⑥及び二次パイロットバーナー⑦に点火する。

　手を放すと，水入口より流入した水は絞り軸⑬を通った後2方向にわかれ，一方はベンチュリー⑮を経て給水コイルから熱交換器⑯へ，他方は，熱交換器からの湯と混合されて出湯する。

〔構造図〕　「火災調査ポケット必携」第8編**8**参照

2 出火原因調査

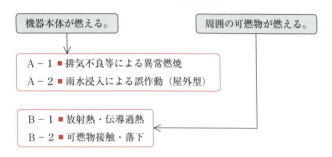

鑑識のキーポイント

機器本体が燃える。
- A-1 ■ 排気不良等による異常燃焼
- A-2 ■ 雨水浸入による誤作動（屋外型）

周囲の可燃物が燃える。
- B-1 ■ 放射熱・伝導過熱
- B-2 ■ 可燃物接触・落下

質問のキーポイント

1：清掃の状況
2：出火前の機器の取扱要領
3：周囲の可燃物の状況
4：修理の有無とその内容

3 鑑　識

A－1 ■ 排気不良等による異常燃焼

　熱交換器が油塵やほこりで目詰まりし，排気不良のため異常燃焼し，機器に付着した油塵に着火し出火する。

写真A－1　異常燃焼による出火（カラー写真 p. ⑰）

〈見分ポイント〉

1　内胴表面等に多量の煤が付着していないか見分する。
2　熱交換器のフィンに多量の油塵やほこりが付着し，目詰まりを起こしていないか見分する。
3　排気筒に多量の油塵が付着し，排気口を閉塞させていないか見分

する。
4 バーナーの炎口が目詰まりを起こしていないか見分する。
5 バーナーの一次空気取入口に油塵の付着がないか見分する。

A-2 ■雨水浸入による誤作動（屋外型）

機器内部の制御基板に雨水が浸入し，コントロール不能となり異常燃焼を起こし出火する。

〈見分ポイント〉

1 電源を入れて異常な作動をするか見分する。
2 カバーを外して，機器内部や制御基板への雨水浸入の有無を見分する。
3 雨水が原因と推定されるときは，制御基板等に付着した湿気が乾燥する前に，迅速に再現実験をする。

写真A-2　誤作動により燃焼ファンが回らず，異常燃焼(カラー写真 p.⑱)

ガス湯沸器 145

B-1 ■ 放射熱

機器を取り付けた窓枠等が,排気の放射熱により着火し出火する。

写真B-1 放射により出火

〈見分ポイント〉

遮熱板が正規の状態で取り付けられているか確認する。(機器本体との距離が設計値どおりにつけられているかどうか。)

B-2 ■ 可燃物の接触

　機器本体直近にかけていた衣類等が，排気口に接触したり，排気筒からの油だれにより出火する。

写真B-2-1　衣類が接触し出火　　写真B-2-2　油がたれて出火

〈見分ポイント〉
1　焼損した物が機器と接触する位置にあったか検討する。
2　熱交換器等に炭化した油が付着しているか見分する。

風呂釜

　風呂釜は，ワンルームマンションの狭いスペースにも設置されるほど，家庭用機器として広く普及している。

　使用する燃料にはガス，石油，薪などがあるが，ここではガス風呂釜を中心に説明する。

1 構　造

　風呂釜は，浴槽に取り付けて浴槽内の水を加熱する装置で，熱交換器とバーナーを組み合わせて一体の構成となっており，燃焼装置，点火装置，安全装置，熱交換器などからなり立っている。

(1)　**燃焼装置**

　　メインバーナーは，鋳鉄製のセミブンゼン式串型バーナーやステンレス製のブンゼン式Ｌ型バーナーが多い。

(2)　**点火装置**

　　風呂釜の点火装置は圧電式点火装置が多いが，最近はＡＣ電源による連続スパーク式点火装置を装備しているものがある。

(3)　**安全装置**（原理構造は「安全装置」を参照）

　ア　パイロット安全装置

　　風呂釜のパイロット安全装置はほとんど熱電対式だが，このほかにバイメタル式，液体膨張式，フレームロッド式のものもある。

　イ　空焚き安全装置

　　空焚きした場合に，風呂釜が損傷する前に自動的にガス通路を閉じる安全装置である。バイメタル式が多い。

ウ 過熱防止装置

　風呂釜や熱交換器の温度が異常に上昇したときに，自動的にガス回路を閉じる安全装置である。これは，液体膨張式のダイヤフラム式やヒュージブルメタル式のもののほかに温度ヒューズが使用されている。

〔風呂釜の作動図〕

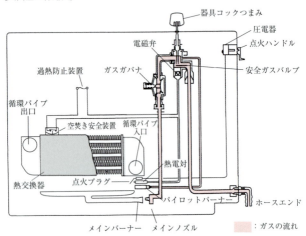

〔構造図〕　「火災調査ポケット必携」第8編**11**参照

2 出火原因調査

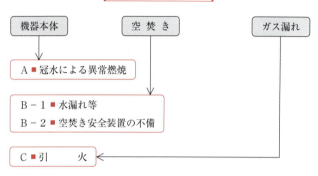

質問のキーポイント

1：浴室の排水状況はよかったか？
2：水栓はどのように閉めたか？
3：点火前に水量を確認したか？
4：普段から浴槽の水位が下がることはなかったか？
5：安全装置を改修したか？
6：ガスの臭気はしなかったか？

3 鑑　識

A ■冠水による異常燃焼

浴室の排水不良でバーナーが冠水,異常燃焼を起こして出火する。

写真A　冠水により出火した風呂釜内部（カラー写真 p.⑱）

〈見分ポイント〉
1　浴室内下部に,排水不良を示す汚れ・サビ等のラインが見分される。
2　浴室の排水口は,髪などの異物で詰まっていないか確認する。
3　風呂釜カバー下部の内面に,水が浸入した痕跡を示す,サビ・水垢等の変色ラインが見分される。

B-1 ■水漏れ等による空焚き

循環パイプや浴槽の水栓から漏水したり,水を入れずに点火し,空焚きとなり出火する。

写真B−1−1　空焚きにより出火した状況

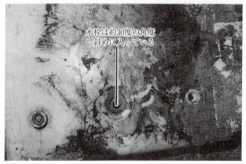

写真B−1−2　水栓の状況（カラー写真 p.⑱）

〈見分ポイント〉

1　空焚き安全装置は付いているか確認する。（付いているときはB−2参照）
2　循環パイプ周囲の焼損は強いか見分する。
3　水栓は完全に閉まっているか確認する。

B-2 ■ 空焚き安全装置の不備

空焚き安全装置が付いていても，配線を短絡させたり誤結線をしたりすると出火する。

写真B-2-1　風呂釜の焼損状況（カラー写真 p.⑲）

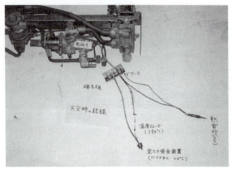

写真B-2-2　空焚き安全装置の結線状況（装置が作動しない結線となっている）

〈見分ポイント〉
1　空焚き安全装置は付いているか，若しくは，条例に適用以前のものか確認すること。
2　空焚き安全装置の配線を短絡させたり誤結線になったりしていないか確認する。
3　空焚き安全装置の部品は規格品であるか，また，位置はよいか。長年劣化等で機能を失っていないか確認する。

C ■ ガス漏れ

ガス漏れは，ホース等の接続部の緩み，ホースの劣化及びガス導管が，釜内に浸入した水や水ガバナから漏れた水で腐食し，ガスが漏れ，バーナーの火で引火して出火する。

写真Ｃ－1　風呂釜内部の焼損状況
（カラー写真 p. ⑲）

154　第2編　燃　焼

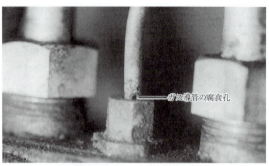

写真C-2　ガス導管の腐食孔（カラー写真 p.⑲）

〈見分ポイント〉

1　ガス系統の配管の気密試験をして，漏れの有無を確認する。
2　漏洩箇所を確認したら，腐食等の発生原因を追求する。
3　他の原因（異常燃焼や空焚き安全装置に起因する原因）についても確認する。

ガス乾燥機

　最近のコインランドリーの普及により，毎年，数件の業務用ガス乾燥機（ランドリータイプ）の火災が発生している。

1 種類と構造

　ガス乾燥機は分類すると，家庭用と業務用（ランドリータイプ）に分かれ，その構造はメーカー・機種により，若干の相違があるが，その代表的な乾燥機の構造を図に示す。

　そのうち，業務用乾燥機は上段が燃焼室で，その中段にドラムの乾燥室があり，下段が排気フィルターで排気筒が接続されて構成されている。

〔構造図〕

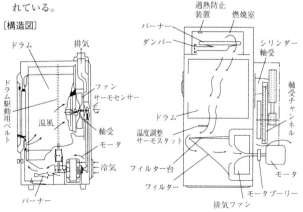

家庭用乾燥機　　　　　業務用乾燥機

2 出火原因の調査

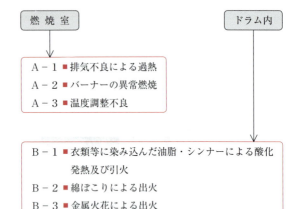

質問のキーポイント

1：使用していて，衣類等が過熱し，焦げることはなかったか？
2：定期的に機内を清掃していたか？
3：衣類に油脂の付着はなかったか？
4：漂白剤としてシンナー等を使用しなかったか？

3 鑑 識

A-1 ■ 排気不良による過熱

排気フィルターが清掃不良から目詰まりを起こし, 排気状態が悪くなり, 燃焼室内の温度が上昇し, 更に, 過熱防止装置等の安全装置に異常があると, 乾燥機の天板が過熱状態となり, 天板に接している可燃物に着火し出火する。

写真A-1-1 木製内装材の焼損状況

写真A-1-2 排気フィルターに付着している綿ぼこり

〈見分ポイント〉
1　乾燥機天板が受熱変色している状況を見分する。
2　下部に設置されている排気フィルター及び排気筒内の綿ぼこり等の目詰まり状況を見分する。
3　燃焼室内等に設置されている過熱防止装置，及びサーモスタットのセンサーの位置を確認する。
4　正規の位置の場合は，正常に作動するか確認する。

A-2 ■バーナーの異常燃焼

　長期間，清掃がなされなかったため，バーナーの混合管の空気取入口付近に綿ぼこりが付着すると，燃焼空気が減少し，異常燃焼を起こす。その炎によって周囲に付着している綿ぼこり等に着火し，出火する。

写真A-2　バーナーに付着している綿ぼこり（矢印が空気取入口の位置）（カラー写真 p.⑳）

〈見分ポイント〉
1　燃焼室内及びバーナー付近に,綿ぼこりが付着していないか見分する。
2　一次空気取入口に綿ぼこりが多量に付着している状況が見分される。
3　各種安全装置を確認する。

A－3 ■ 温度調整不良

　　ドラム付近に設置されている温度調整サーモスタットのセンサーが,キャピラリーチューブ(毛細管)の亀裂により,封入液が漏れて,温度調整が不能となり,ドラム内の温度が上昇して出火する。

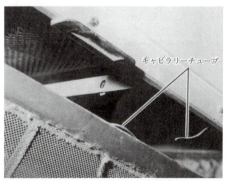

写真A－3　キャピラリーチューブが切断している状況

〈見分ポイント〉
1　温度調整サーモスタットの不作動
　　感熱体を電気こんろ等(直火以外)で加熱して,ベローズ式スイッチの作動状況を確認する。
2　センサー,キャピラリーチューブに亀裂・損傷箇所がないか見分する。

B-1 ■ 衣類等に染み込んだ油脂の酸化発熱

動植物油などを取り扱う作業員が着用している衣類で，洗濯時に油脂等が十分に落ちていない場合，乾燥後の放熱が不十分であると乾燥時の余熱で発火する。

写真B-1　乾燥後，入っていた衣類が余熱発火した火災

〈見分ポイント〉
1　衣類等に染み込んだものは何か，油脂等の成分も鑑定する。
2　設定温度と設定時間を確認する。

B-2 ■ 綿ぼこりによる出火

バーナー付近に堆積した綿ぼこりに着火し，ドラム又はフィルターに流れ，衣類や綿ぼこり等に着火し出火する。

ガス乾燥機 161

写真B-2-1 綿ぼこりに着火して出火したガス乾燥機 (カラー写真p.⑳)

写真B-2-2 本体の底の状況 (カラー写真p.㉑)

〈見分ポイント〉

1　A－2と同様に，バーナー付近の綿ぼこりの堆積状況を見分する。
2　本体のフィルターに付着した綿ぼこりの状況を見分する。
3　各種安全装置を確認する。

B－3 ■ 金属火花による出火

　本体側壁の亀裂や異物等の混入によりドラムと接触し，金属火花により衣類等に着火し出火する。

写真B－3－1　ライターの発火ヤスリ部分がドラムと接している状況

写真B-3-2 ドラム内に入っていたヘアピン,クギなど(たばこは大きさを比較するためのもの)

〈見分ポイント〉

1 本体の側板等が損傷して,ドラムと損傷箇所の部分が接触しているかどうか見分する。
2 回転させるとドラムと本体の接触音がするかどうか確認する。
3 ドラム本体に接触した際の損傷を見分する。
4 ドラム内の異物の混入について見分する。
5 衣類等に引火性物質が染みていたか確認する。

石油ストーブ

　各家庭に普及している暖房器具として，最近は石油ファンヒータが販売台数を伸ばしているが，火災は石油ストーブが圧倒的に多い。

1 種類と構造等

　　燃焼方式による分類を下記に示す。

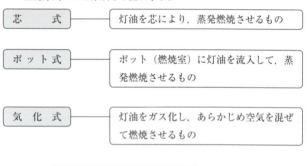

〔構造図〕　「火災調査ポケット必携」第9編 5 参照

2 出火原因の調査

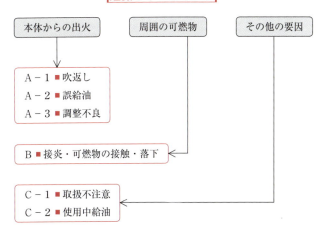

質問のキーポイント

1：器具の購入年月日と使用頻度を確認する。
2：使用していて，不完全燃焼することはなかったか？
3：使用する前の給油状況を確認する。（燃焼は？）
4：点火した際に燃焼筒を完全にセットしたか？
5：ストーブ周囲の物品の状況を確認する。
6：使用前の取扱要領を確認する。
7：芯を交換するなど修理しているか？

3 鑑 識

A－1 ■ 吹返し

「吹返し」とは燃焼中の炎が次のような経過で一次空気取入口から吹き返す現象で,周囲に可燃物があると着火し,出火する。

○ 出火までの経過
(1) 空気取入口の目詰まり,芯の清掃等の維持管理が不適正なため,不完全燃焼を起こす。
(2) 多量の煤が発生し,燃焼ネットや内炎板等に付着する。
(3) ネットや内炎板等が目詰まり状態となり,炎が一次空気取入口等に吹き返す。

写真A－1－1　吹返しにより出火したストーブ（カラー写真 p.㉑）

石油ストーブ　　167

写真A-1-2　一次空気取入口の煤の付着状況（カラー写真 p. ㉑）

〈見分ポイント〉

1　ストーブ底板の周囲の床面上に深い焼損状況が見分される。

2　燃焼ネットや内炎板等に多量の煤が付着しているのが見分される。

3　燃焼筒据付け不良と異なり，燃焼筒よりも下方の一次空気取入口付近や置台にも煤の付着が見分される。

A-2 ■ 誤給油

灯油用のストーブにガソリンを給油すると，次のような経過で異常燃焼を起こし，出火する。

○　出火までの経過

(1)　燃料の量にもよるが，点火後すぐに異常燃焼するとは限らず，最初は正常燃焼する。

(2)　炎は少しずつ大きくなり異常燃焼し，カートリッジタンク方式の場合では，タンクは熱的影響を受け内圧が高まる。

(3)　タンク内圧が上昇して，ガソリンが多量に押し出され，受皿

から溢れた瞬間に引火し，出火する。
※　ストーブの機種・使用状況・設置場所の室内の状況（室容積，換気状況等）により必ずしも異常燃焼するとは限らないが，概して放射式のネットタイプのストーブが発生しやすい。

写真Ａ－２　ガソリンの誤給油のため出火したストーブ

〈見分ポイント〉
1　建物内にガソリンの入ったポリタンクがあるかどうか確認する。
2　焼損したストーブ周囲からガソリン臭があるかどうか確認する。
3　残油，残浸物があれば採取し，成分分析の鑑定を行う。
4　燃料を購入した先を確認する。
5　最後に燃料を補給したときの状況を確認する。

A－3 ■ 調整不良

芯の不揃い，出しすぎ及び燃焼筒の据付不良により，異常燃焼を起こし，炎が延び周囲に着火物があれば，着火し出火する。

写真Ａ－3　燃焼筒の据付不良での再現実験
（16分後）

〈見分ポイント〉

1　燃焼筒の据付不良による異常燃焼のときは，発生した煤は「吹返し」の場合と異なり，芯案内筒や置台に付着することは少ないので芯案内筒よりも上部の燃焼筒内，ネット等に多量に付着しているか見分する。
2　燃焼筒の据付けが完全にセットされているか見分する。
3　芯の露出している部分が異常に出ているか，芯の不揃い等があるか見分する。

B ■ 周囲の可燃物による出火

ストーブ周囲の可燃物が接触,落下及び放射熱を受けて出火する。

写真B　上部にかけていた衣類が落下

〈見分ポイント〉
1　ストーブの天板及び燃焼筒に炭化物が付着しているか見分する。
2　ストーブ周囲の可燃物の状況を確認する。

C ■ その他の要因

(1) 取扱不注意

給油の際,ストーブ底板等に灯油をこぼしてしまい,点火時に使用したマッチ等の燃えさしを置いたり,ストーブの燃焼により気化した灯油に引火する。

(2) 使用中給油

　点火したままカートリッジタンクを入れようとした際，キャップが締付け不十分などにより外れ，灯油が漏れて，引火する。

写真C　使用中給油したため出火した火災（ストーブのそばに，キャップの締まっていないカートリッジタンクが見分される。）

〈見分ポイント〉
1　ストーブの置台上に灯油が染みていたり，マッチ等の燃えさしがあるか見分する。
2　使用中給油の場合は，カートリッジタンクがストーブの周囲にあったり，外れたキャップがストーブ本体内に残存しているか確認する。
3　給油時自動消火装置の有無を確認する。
　ただし，給油時自動消火装置付であっても消火操作後，5分程度，種火が残ることがある。

石油ファンヒータ

　石油ファンヒータは分類上，石油ストーブの中の開放式強制対流式ストーブという種類に含まれ，最近多く普及している。

1 種類と構造等

(1) 種　類

　　燃焼方式は，石油ストーブと同様に芯式・ポット式・気化式と分類され，最近では大多数が気化式の燃焼方式を採用している。

(2) 構　造

〔気化式ファンヒータの構造図〕

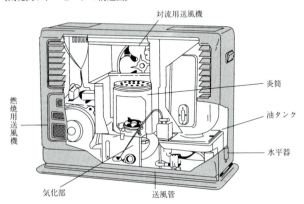

石油ファンヒータ　　173

　一般的に燃焼室をキュービクル式のような鉄製箱内に納め，燃焼エネルギーを背面に設けた対流ファンにより前方へ吹き出すものである。

　ＦＦ式（強制給排気式）と比べると同様の形状であるが，背面に給排気筒がなく，室内から空気を取り入れ，燃焼ガスを室内に排出している。

(3)　**原　理**

　気化式石油ファンヒータの作動原理はメーカーによって異なるが，その一部は次のとおりである。

ア　送風ファンで圧送された燃焼用空気の圧力を，定油面器の油面に加える。

イ　燃料噴射ノズルの先端では，燃焼に必要な空気が高速で吹き出されるため，ノズルから押し出された灯油は霧状になり，あらかじめ温まった気化筒の壁に衝突し，空気と混合し，気化する。

ウ　燃焼ファンによって吸い込まれた空気は，ノズル先端より気化筒内に吸い込まれ，灯油蒸気と混合し，バーナーより吹き出して，点火され燃焼する。(次ページの図参照)

※　石油ファンヒータも，他の石油燃焼機器と同様に各種の安全装置があり，耐震自動消火装置はもちろん，ハイリミットスイッチ（バイメタル）を利用した過熱防止装置や，フレームロッドを利用した不完全燃焼防止装置などがある。詳細は「安全装置」の項を参照のこと。

174　第2編　燃焼

〔作動原理図〕

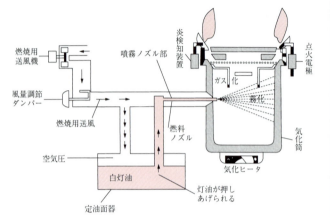

2 出火原因の調査

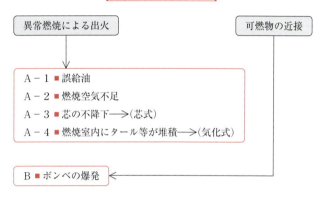

質問のキーポイント

1：使用する前の給油状況を確認する。（燃料は？）
2：普段から使用していて，燃焼が赤火等の不完全燃焼の状況はなかったか？
3：点火，消火の際にスイッチレバーが固く，操作しにくいことはなかったか？
4：普段から使用していて，点火不良の状況はなかったか？

3 鑑 識

A-1 ■ 誤給油

　燃料にガソリンを使用した場合，カートリッジタンクの内圧が高まり，ガソリンが油受けタンクより溢れ出てペーパーに引火，もしくは異常燃焼を起こし，出火する。

写真A-1　誤給油により出火したファンヒータ

〈見分ポイント〉
1　ガソリンの入ったポリタンクがあるかどうか確認する。
2　カートリッジ内のガソリン臭がするかどうか確認する。
3　残油，残浸物があれば採取し，成分鑑定する。

A-2 ■ 燃焼空気不足

ファンヒータ背面等の空気取入口及び，バーナーの一次空気取入口に，綿ぼこり等による目詰まりを起こすと異常燃焼を起こし，炎が伸び，付近に可燃物があると着火する。

写真A-2　一次空気取入口付近に堆積した綿ぼこり（カラー写真 p.㉒）

〈見分ポイント〉
1　空気取入口のフィルター及びバーナーの一次空気取入口の目詰まり状況を見分する。
2　安全装置（フレームロッド，過熱防止装置等）の状況を見分する。
3　バーナーの火口周囲の煤の付着状況を見分する。

A-3 ■ 芯式ファンヒータでの芯の不降下

長年使用で芯先端にタールやカーボンが付着すると，消火操作しても芯が下がらずに送風ファンが停止したことにより，異常燃焼して出火する。

178　第2編　燃　焼

写真A-3-1　出火した芯式ファンヒータ

写真A-3-2　上がった状態の芯
（カラー写真 p. 22）

写真A-3-3　セットレバーの位置

〈見分ポイント〉
1 芯を上下するセットレバーが,下端の「点火」の位置で焼損している状況が見分される。
2 芯を見分すると,先端は不揃いで炭化し,案内筒上端から出ており,「点火状態」で見分され,更に,タール状の固形物が付着している。
3 燃焼筒内の芯案内筒と内筒の間に固形上のタールがこぼれており,内筒の表面に芯の上下の際に付いた傷が見分される。

A-4 ■ 燃焼室にタールが堆積

長年使用により,気化筒である燃焼室内にタールが堆積すると,タールのためにヒータの熱が遮断されて,灯油が十分に気化されずに燃焼室内に溜まり,異常燃焼し出火する。

写真A-4 タールの付着した燃焼気化筒内の状況(カラー写真 p.㉒)

〈見分ポイント〉

　燃焼気化筒内を見分し，内部のタール等の付着状況を確認するとともに，気化筒内の燃料噴射ノズル先端のカーボンの付着も確認する。

B ■ボンベの破裂

　ファンヒータ吹出口直前にスプレー缶等のカートリッジボンベがあり，過熱されると破裂し，成分中のＬＰガス等が燃えて爆発する。

　※　温度データ

・吹出口のルーバー付近：150〜180℃	スプレー缶の破裂危険
・吹出口より30cm離れた位置：60〜70℃	・フロンガス製：約105℃
	・ＬＰＧ製：約70〜90℃

写真Ｂ　ファンヒータ前のスプレー缶が爆発した状況（矢印は爆発したスプレー缶）

〈見分ポイント〉

1　関係者からファンヒータ前面の物品配置状況を確認する。
2　ファンヒータ周囲に破裂したスプレー缶が残存しているので確認する。
　（天井裏等にスプレー缶が飛散している場合があるので確認する。）

安全装置

1 原理と構造

(1) 立消え安全装置

立消え安全装置は、ガス・石油機器を使用中、万一バーナーの火が消えても燃料の流出を防止するための安全装置である。

ア 熱電対式

〔熱電対と電磁弁ユニットの断面〕

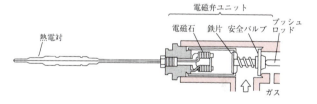

(不使用時)

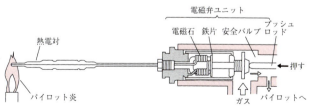

※ 鉄片が電磁石に吸着される。

(使用時)

（熱電対の原理）

　2つの異なった金属A，Bを次図のように接続し閉回路を造り，その2つの接続点を違った温度にすると電流が流れる。

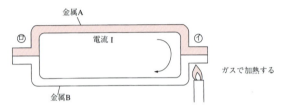

イ　フレームロッド式炎検知回路

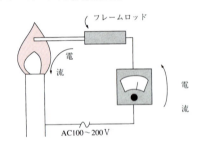

ウ　熱電対式炎検知回数（熱起電力増幅回路）

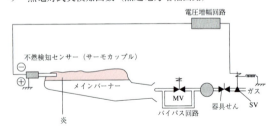

安全装置　183

(2) 過熱防止装置

過熱防止装置は，機器の異常な温度を検知し燃料を遮断するものである。

ア　バイメタル式

〔一般的に使われているバイメタル式の例〕

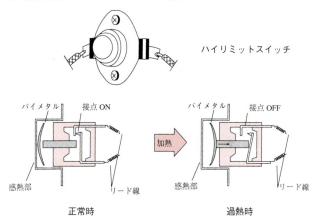

イ　温度ヒューズ式

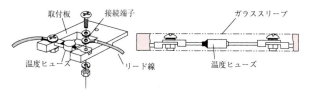

板状露出型温度ヒューズ　　感温ペレット封入型温度ヒューズ

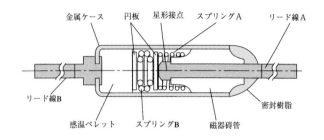

ペレット封入型の溶断前の内部例

(3) **空焚き安全装置**

空焚き安全装置は風呂釜特有のもので、浴槽の水位又は流量を検知する装置である。

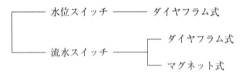

ア 水位スイッチ

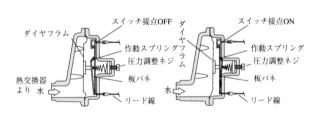

水位スイッチ作動図例

安全装置　　185

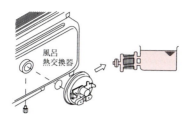

水位スイッチ取付例

イ　流水スイッチ

　　流水スイッチは，強制循環式の風呂循環回路に付いており，ON・OFFには次の2種類がある。

(ア)　マグネット式　　　　　　　(イ)　ダイヤフラム式

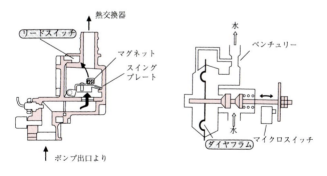

　　リードスイッチ式例　　　　　　ダイヤフラム式例

〔構造図〕　「火災調査ポケット必携」第8編⓭参照

(4) 温度制御装置

フライヤー，オーブン等には，油温や庫内温等を一定に保つためにガス量を自動的に調節する温度制御装置が取り付けられている。

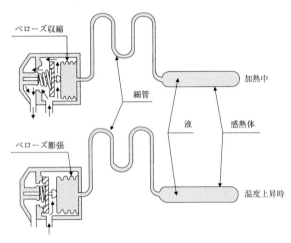

ベローズ式サーモスタットの例

第３編　微小

ローソク　189

ローソク

　ローソクの燃焼は，毛細管現象により溶融したろうが芯を伝わって上昇し，可燃性蒸気（ベーパー）となって燃焼する。

　燃焼中の最高温度は1,400℃にも達し，可燃物を燃焼させるには十分な温度である。また，ローソクによる火災の発生状況を経過別にみると，「火源の転倒」，「接炎」，「火源の落下」などとなっている。

1 原料等

(1) 原　料

　　ローソクの原料は，石油製品の副産物として原油の分溜によって得られるパラフィンワックスが主原料で製法上少量のステアリン酸を添加してある。

　　主原料のパラフィンワックスは，別名セキロウ，固形パラフィンとも呼ばれており，ローソクのほか，クレヨン，医薬，加工紙，ホットメルト接着剤，耐水段ボール，防錆油，化粧品等，数多くの用途に用いられている。

(2) 性　状

　ア　パラフィンワックスの主な性状は次によるが，装飾用のローソクにみられる赤や青等の着色には顔料が使われている。

　　㋐　白色半透明ろう状結晶性固体（常温で固体）

　　㋑　比　重………約0.9

　　㋒　融　点………40℃〜70℃

　　㋓　引火点………約230℃

190 第3編 微 小

- (オ) 発火点……約380℃
- (カ) 中性で悪臭がない。
- (キ) ガソリン，ベンゼン，アルコール，クロロホルム，テレピン油，二硫化炭素，オリーブ油等に溶ける。
- (ク) 水への親和性がなく，電気絶縁性に富んでいる。
- (ケ) 爪を立てられる程度の硬さである。
- (コ) 揮発性が極めて小さい。
- (サ) 着火が容易で有害ガスの発生なしに燃焼する。
- (シ) 防湿・防水性が大きい。

イ 最近では，ランプ状のガラス製容器に液体の「リキッドキャンドル」という液体のパラフィンを入れて使用するものもある。

- (ア) 無色透明の液体
- (イ) 比 重……約0.745
- (ウ) 流動点……−25℃
- (エ) 引火点……66℃

〔ローソクの大きさと燃焼時間〕 「火災調査ポケット必携」第10編**8**参照

〔燃焼経過とローソク台への着火経過〕 「火災調査ポケット必携」第10編**8**参照

2 出火原因の調査

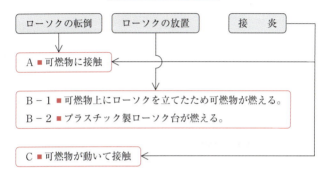

質問のキーポイント

1：出火前の使用状況，使用目的
2：電球の球切れ又は停電の有無，暗がりでないか？
3：ローソクの長さ，形状・ローソク燭台の形状・材質，色
4：点火後の置いてあった場所と状態
5：ローソク付近の可燃物の状況
6：ローソクを点灯した時間，方法，マッチの投げ捨ての有無
7：ローソクの倒れる次のような要因はないか？
 (1) 自動車の走行や工事等による震動
 (2) 新しく立てたローソクを燭台のローソク差込用鉄芯に立てたときの亀裂の有無
 (3) 交換時に鉄芯部分の余熱で溶ける。

3 鑑　識

A ■ローソクの転倒

　ローソクが風や振動若しくは，燭台へ曲がって取り付けた等の要因で転倒し，各種可燃物へ着火し出火する。

写真A　ローソクが転倒して出火したもの

〈見分ポイント〉
1　ローソクの燭台の倒れている位置を確認する。
2　経机及び仏壇の焼損状況から炭化の強い部分を見分する。
3　焼損の程度により，燭台等を置いていた跡を確認する。
4　燭台が倒れている付近の可燃物の焼損物を見分する。
5　付近に窓，カーテン等がないか，また，窓が開けられているかどうか見分する。

B-1 ■ ローソクの放置

　段ボールや雑誌などの上にローソクを立てて放置したため，可燃物へ燃え下がり接炎して出火する。

　ローソクの放置による火災では，ローソクが燃え尽きるまでの燃焼時間を考慮する必要がある。

写真B-1　ローソクを復元した状況

〈見分ポイント〉

1　局部的に焼損している箇所がないかどうか見分する。
2　パラフィンの溶融物の一部が，付着しているのが見分される。

〔ローソクの燃焼時間〕　「火災調査ポケット必携」第10編8参照

194　第3編　微　小

B-2 ■ プラスチック製ローソク台

ローソクを放置すると，時間の経過とともに短くなり，プラスチック製のローソク台に着火して出火する。

写真B-2-1　ラジオカセット上にプラスチック製ローソク台を置いて出火したもの（再現実現）

〈見分ポイント〉

合成樹脂製のローソク台が溶着している。

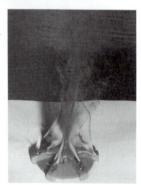

写真B-2-2　プラスチック製ローソク台の燃焼状況

C ■ ローソクに可燃物が動いて接触

　窓からの風などにより，可燃物が動き，つけたままのローソクに接触し出火する。また，ローソクの炎が着衣に着火し出火する。

写真C　仏壇の焼損状況（カラー写真 p.㉓）

〈見分ポイント〉

1　仏壇周辺に衣類等の炭化物が散乱していないか見分する。
2　燭台の置かれていた位置と，経机及び仏壇の焼損状況を見分する。
3　仏壇以外の着衣等の焼損状況や，初期消火時水漏れ等について確認する。

線　香

　線香には，神仏に供える両切り用のもの，防虫用の蚊取線香，香り
を楽しむ「香道」に使われる線香などの種類がある。

1 種類と性状

(1) 神仏用線香

　　一般に用いられている線香は，製造会社によってその燃焼時
間，形態が異なっているが，大差はない。

　　最も多く使用されている線香を見ると，1本の長さが140㎜，
太さ2.2㎜くらいのもので，火持ち時間は丸線香が25〜30分，角
線香は30〜35分となっている。

　　原料は，九州の宮崎県から南方に群生する落葉樹で，「たぶ」
といわれる木の皮を粉砕し，これに香料と粘着性のある粉を混ぜ
たものがほとんどで，まれに杉の葉を用いているものもある。

〔種類と原料〕　「火災調査ポケット必携」第10編**3**参照

(2) 蚊取線香

　　蚊取線香の原料は，防虫菊からの抽出粕粉末が約70％，神仏用
線香の原料である「たぶ粉」約27％，これに殺虫成分（ピレトリ
ン，ピレスロイド等）0.3〜0.6％，その他澱粉などが入っており，
これを練機で板状に押し出したものを渦巻形に打ち抜き，乾燥し
たものである。

　　線香1巻の重量は13〜14.5gで，燃焼時間は7〜8時間くらい
であり，燃焼部分の温度は約700℃である。

2 出火原因調査

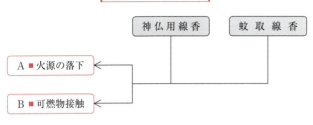

鑑識のキーポイント

神仏用線香　蚊取線香

A ■ 火源の落下
B ■ 可燃物接触

質問のキーポイント

1：線香に着火させた時間
2：仏壇周囲の可燃物の状況
3：蚊取線香の位置と周囲の可燃物の状況
4：置き台の形状材質
5：線香の使用方法（吊り下げる・マットに置く等）

〔線香及び蚊取線香の着火実験結果〕　「火災調査ポケット必携」第10編 3 参照

3 鑑　識

A ■ 線香の落下

　　供えた線香が，香炉台下の座布団等に落下して，出火する。

写真Ａ　座布団の焼損状況

〈見分ポイント〉

1　座布団，畳表などが，微小火源特有の無炎燃焼による焼損を呈しているか見分する。
2　着火物の位置が，香炉台から線香が落下する距離にあるかどうか見分する。
3　着火物が，線香で着火する材質かどうかを確認する。
4　たばこ等の他の火源は否定できるか。

線香　199

B ■ 可燃物接触

座布団等が蚊取線香に接触すると，座布団等に着火し出火する。

写真B-1　座布団及び座いすの焼損状況

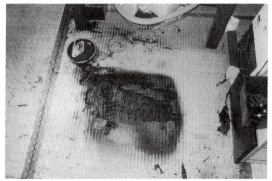

写真B-2　畳の焼損状況

〈見分ポイント〉

　A参照

たばこ

　たばこによる火災は，出火箇所に発火源となるものが残らないことがほとんどで，火災原因の立証に当たっては，常に火災現場における出火箇所の焼損状況，関係者等の供述や出火前の環境条件などの状況証拠に基づき，総合的に検討して判断することが必要である。

1 種類と性状

(1) 種 類

　　たばこの種類には，紙巻，葉巻，パイプ用，きざみ等があるが，最も多く吸われているのは紙巻である。

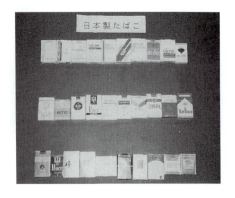

(2) 性 状

ア たばこ各部の名称

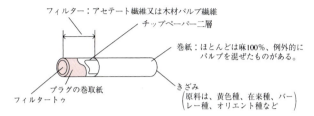

イ たばこの温度

位 置 等	温 度（℃）
中 心 部	700～800
外 周 部	200～300
吸 煙 時	840～850

〔各種実験結果〕　「火災調査ポケット必携」第10編 2 参照

2 出火原因の調査

鑑識のキーポイント

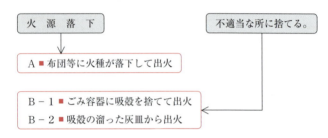

質問のキーポイント

1：喫煙行為の有無
2：喫煙するたばこの本数，種類，点火用具
3：喫煙時間，喫煙場所
4：灰皿の有無，位置，形状，材質，大きさ，吸殻の量
5：着火し得る可燃物の存在と材質
6：ごみ容器の有無，位置，大きさ，形状，色
7：ごみ容器内のごみの量，内容物
8：日常における吸殻の処理方法
9：ごみの出された時間
10：通行人の状況，隣家・上階の状況

3 鑑 識

A ■ たばこの落下による出火

写真A−1　ベッド上の布団にたばこの火種が落下して焼損した状況

　布団，座布団，衣類，畳の合わせ目等に，火のついたたばこ又はたばこの火種が落下すると，比較的長い時間無炎燃焼を継続した後，出火する。

写真A−2　畳の焼け込みの状況

写真A-3　床板の焼け抜けの状況

〈見分ポイント〉

1　布団などは，たばこによって同心円状に燃え込んでいくので，炭化の強い部分の焼けの形状を見分する。
2　布団の材質が綿か化繊か見分し，着火の可能性があるか検討する。
3　化繊の場合は，有炎燃焼によって容易に焼失し，綿の無炎燃焼による炭化，焼失と異なるので，注意する必要がある。
4　ベッドの場合は，スプリングの強い変色及びつぶれを呈する。
5　畳は，へりに沿って無炎燃焼が継続する。

B-1 ■ ごみ容器からの出火

　ごみ袋やプラスチック製ごみ容器に，火が完全に消えていない吸殻を捨てると，中の紙くず等に着火し，おおむね10分から20分経過後に出火する。

写真B-1　ごみ容器の焼損状況

〈見分ポイント〉
1　合成樹脂製のごみ容器は焼損するが，底部が残存するケースが多く，畳面等に焼け込みは見分されない。
2　底部付近のごみの炭化物等が残存している場合は，詳細に見分し，どのようなごみであるか確認する。（たばこの吸殻が見分された場合は，過去に捨てたことを立証する1つのポイントとなる。）

B-2 ■ ガラス製灰皿の破損による出火

　　ガラス製灰皿に多数の吸殻が残っていて，その中に火のついた吸殻が入ると，溜まっていた吸殻が燃え出し，ガラスの熱せられた部分が高温となって膨張しようとするのを低温状態の周辺部が拘束することとなる。低温部に引っ張り応力が働き，ガラスの強度以上になるとガラスが割れて周囲に吸殻が飛び散り，火災となる。

写真B-2　ベッドの宮に置いていたガラス製灰皿の破損状況

〈見分ポイント〉

1　ガラス製灰皿が破損している。
2　ガラス製灰皿の割れている範囲の焼損が激しい。
3　ベッドの宮部分の場合，ベッド枠は灰皿上方の炭化が激しい。
4　火災熱によって二次的にも破損するので注意する。

溶接(断)器

　工事現場において，金属製の機械や構造物組立ての際に，別々の金属部分を接合することが必要となる。

　溶接とは，このような接合する部分を加熱溶解し，冷却固化させて，接合するものである。

1 種類と構造

(1) **電気溶接器**

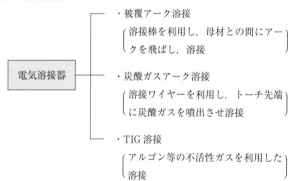

(2) **ガス溶接器**

　　アセチレン，LPガス等の可燃性ガスを利用した溶接法で，アセチレン溶接(断)法がその代表的なものである。

　ア　圧力調整器及び圧力計

　　　ガス容器から取り出したガスを一定の圧力に調整して供給

し，圧力計はそのガス圧を計測するもの。
イ 導　管
　　筒状の布，又は，編上げの内・外面をゴムの層で覆った構造となっている。
ウ 吹　管
　　アセチレン，酸素などの可燃性ガスをその目的に応じた割合で酸素と混合し，その先端の火口から高温の火炎を発生するもの。
エ 安全器
　　吹管への逆火，吹管内における酸素のアセチレン通路への逆流等を防止するため，逆火防止装置等の安全装置が設置されている。

〔構造図〕

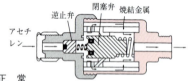

(a) 正　常

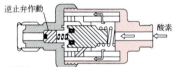

(b) 酸素の逆流

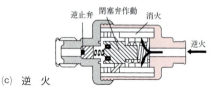

(c) 逆　火

2 出火原因の調査

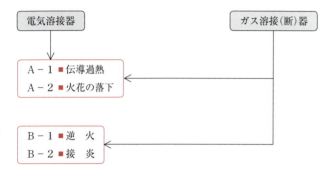

質問のキーポイント

1：溶接箇所付近の可燃物の状況を確認
2：出火前に火炎が弱くなったことはなかったか？
3：作業中吹管の火口を極度に溶接(断)材料に近付けすぎたり，接触したりしなかったか？
4：「パチッ」と音がして，消炎しなかったか？
5：吹管を点火する際，弁の開度は小さすぎなかったか？
6：火口を過熱しすぎなかったか？（火口でガスが燃焼してしまう。）

3 鑑 識

A−1 ■伝導過熱

ダクト等を溶接（断）の際，ダクト周囲を覆っている断熱材等の可燃物が伝導過熱により，出火する。

〈見分ポイント〉

溶接箇所の金属材料に可燃物が接触しているか見分する。

A−2 ■火花の落下

溶接火花の飛散により，飛散箇所付近の可燃物が着火する。アークによって溶かされた金属の温度は，その金属の融点より約100℃高くまで加熱される。（例 鋼：2,000℃前後，鋳鉄：1,800℃前後）

〈見分ポイント〉

1 溶接箇所と焼損箇所の位置関係を

写真A−1　伝導過熱によりダクトの断熱材が着火

写真A−2　火花の落下状況の実験(カラー写真p.㉓)

確認する。
2　出火箇所周囲に溶融粒があるので磁石等で採取する。
3　溶接の火花で着火し得る可燃物が落下位置に存在したか見分する。

B-1 ■ 逆　火

吹管の目詰まり，吹管の操作の誤り（点火の際，弁の開度が小さい）等により，ホースや安全器に向かって炎が逆火し，ホース等に着火し，出火する。

写真B-1-1　焼損した溶接器

〈見分ポイント〉

1　点火の際，行為者から弁の開閉順序・圧力調整等の供述を得る。
2　吹管の目詰まり，火口と本体の締付部の緩み等を確認する。
3　ホースが焼損し，焼き切れているか見分する。

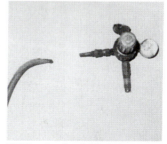

写真B-1-2　焼損したホース

B-2 ■ 接 炎

　アセチレン溶接器の炎の温度は，3,000℃に達するので，溶接箇所付近に可燃物があると，接炎して出火する。

写真B-2　ダクトを溶断中にダクト内の粉塵に接炎

〈見分ポイント〉

　溶接箇所付近に可燃物が存在するか見分する。

収れん（しゅうれん）

　収れんとは，太陽からの光が何らかの物体により反射又は屈折し，これが1点に集まることをいう。反射又は屈折により太陽光が1点に集中した場所に可燃物がある場合，熱が蓄積し発火に至る場合がある。

　収れんによる火災は，出火時における太陽の位置（地域，季節，時刻により異なる。），当日の気象条件，収れんを引き起こす物件の向き，着火物の存在及び位置などの諸条件をすべて満足する必要があり，偶発性の高い特異な火災であるといえる。

1 種類と性状

(1) 凸レンズの構造に類似したもの（水槽，水晶玉，ガラス玉，ウォーターアレイ，ペットボトル等）

　球面を持ち，かつ光線を透過する凸レンズに類似する構造を持つ物質の場合，透過した太陽光線が焦点を結ぶ。

(2) 凹面鏡の構造に類似したもの（スチール製ボール，広告用壁面等）

　球面を持ち，かつ光線を反射する凹面鏡に類似する構造を持つ物質の場合，反射した太陽光線が焦点を結ぶ。

2 出火原因の調査

鑑識のキーポイント

反射，屈折により太陽光線が，1点に集光した焦点にある可燃物に着火する。

質問のキーポイント

1：出火時の状況はどうであったか？
2：日差しの状況はどうであったか？
3：集光させるものはあるか？
4：着火物の状況はどうか？

3 鑑 識

　凸レンズ（水槽，水晶玉，ガラス球，ウォーターアレイ，ペットボトル等）では，入射角及びその材質の屈折率による焦点の位置を確認する。また，その材質の透過率を確認し，発火に至るだけの太陽光線を透過させることを確認する。

　凹面鏡（スチール製ボール，広告用壁面等）では，入射角による焦点の位置を確認する。また，その材質の熱線

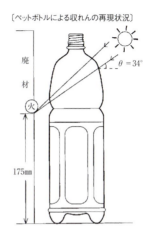

〔ペットボトルによる収れんの再現状況〕

廃材との間隔は 25〜35mm

写真1　ペットボトルによる収れんの再現状況

写真2　凹面鏡による収れんの再現状況

反射率を確認し，発火に至るだけの太陽光線を反射させることを確認する。

〈見分ポイント〉

　太陽光線による収れん火災は，いずれの場合においても発火に至るまでに屈折又は反射等によって，どのような条件から発生するのかが問題であり，現場において次の点に留意して鑑識する必要がある。

1　当日の天候，推定出火時間等から収れんにより火災が起こりうる可能性があるかどうかを確認する。

2　太陽高度，方位角等の日差しの状態を確認する。

3　凸レンズを通して光が透過し集光，又は凹面鏡から反射し光が集光するかを見分する。（光の入射角，材質の屈折率・透過率又は熱線反射率，焦点の位置等を確認）

4　着火物の状況を確認する。（材質，色等）

第4編　化学

さらし粉

　一般にさらし粉は白色で，塊状のものにはプール等の消毒剤，顆粒状のものは，家庭用の漂白剤などがある。

1 種類と成分

　有効塩素の含有量に応じて，高度さらし粉（60〜70％），普通さらし粉（30〜35％），さらし液（10％）の3種類がある。

　さらし粉は，主成分が次亜塩素酸カルシウム・$Ca(ClO)_2$で，ほかには塩化カルシウム，水酸化カルシウム等が含まれている。このさらし粉が水分と接触したり，加熱されたり，若しくは日光の直射，酸類との接触等により，発熱しながら活性酸素を放出するため，この熱により可燃物が発火する危険性がある。

2 出火原因の調査

鑑識のキーポイント

水等と接触し，周囲の可燃物から燃える。

質問のキーポイント

1：どれぐらいの量でどのような状態で保存されていたか？
2：近くに可燃物があるか？
3：水分等と接触する可能性があるか？

3 鑑 識

さらし粉が水と接触すると塩化カルシウムとなり，発熱しながら酸素を放出する。このとき，可燃物が接触しているとこの可燃物が蓄熱し出火する。

$$\text{さらし粉} \xrightarrow{\text{水（触媒）}} \text{塩化カルシウム} + \text{酸素} + \text{発熱}$$

$$Ca(ClO)_2 \longrightarrow CaCl_2 + O_2 + \text{発熱}$$

写真　ごみ収集車に混じった殺菌・消毒用のさらし粉から出火
（カラー写真 p. ㉔）

〈見分ポイント〉

1　さらし粉が水と接触する可能性があるか見分する。
2　さらし粉の量，混合物の場合には含有量を確認する。（少量のものは発熱しても，放射速度が大きく可燃物を発火させるまで蓄熱しない。）
3　付近に発火するような可燃物があるか見分する。
4　火災従事中の臭いはどうだったか確認する。（さらし粉にかかわる火災では，塩素が発生する。このため，通常，眼や喉の痛みを生

じるので必ず確認する必要がある。)

5 アルカリ性を確認した部分の物件を収去し，塩化カルシウムであることを鑑定する。

> （参　考）
> 　反応によって生じた塩化カルシウム（$CaCl_2$）は，アルカリ性で皮膚を侵す性質があるので，現場で焼損物を鑑識する際にはゴム手袋などを使用し，皮膚に付着した場合にはすぐに多量の水で洗浄すること。
> 　特に，眼に入ると失明のおそれがあるので，十分に洗浄すること。

生石灰(酸化カルシウム)

1 種類と成分

　一般にこの生石灰は，農業用の土質改良剤，のり，煎餅等の乾燥剤及び弁当の加温，酒の燗等の加熱剤として使用されており，一般に白色の顆粒状のものである。

Ca — O

カルシウム原子 － 酸素原子

という単純な分子構造となっている。

〔自然発火性の物質〕　　「火災調査ポケット必携」第11編4参照

2 出火原因の調査

鑑識のキーポイント

水と接触し，周囲の可燃物から燃える。

質問のキーポイント

1：どのような状態で保存されていたか？

2：どれぐらいの量か？

3：近くに可燃物があるか？

4：水分と接触する可能性があるか？

3 鑑　識

　生石灰が水と接触すると，水酸化カルシウムとなり発熱する。このとき，可燃物と接触しているとこの可燃物が発熱によって出火する。

　生石灰 ＋ 　水　→水酸化カルシウム ＋ 　発熱
　$CaO + H_2O → Ca(OH)_2 + 15.2 kcal/mol$（発熱）

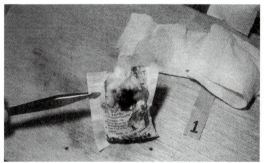

写真１　海苔の袋に入っている乾燥剤の鑑識実験（カラー写真 p.㉔）

〈見分ポイント〉

1　生石灰が水と接触する可能性があるか見分する。
2　生石灰の量，混合物の場合には含有量を確認する。（少量のものは発熱しても，放熱速度が大きく可燃物を発火させるまで蓄熱しない。）
3　付近に発火するような可燃物があるか見分する。
4　水酸化カルシウムはアルカリ性であるため，リトマス試験紙（赤色から青色に変色する。）等を使用し，pHを確認する。
5　アルカリ性を確認した部分の物件を収去し，水酸化カルシウムであることを鑑定する。

224　第4編　化学

写真2　工事現場に放置された大量の生石灰から出火したもの（カラー写真 p.㉔）

（参　考）

　反応によって生じた消石灰（$Ca(OH)_2$）は，アルカリ性で皮膚を侵す性質があるので，現場で焼損物を鑑識する際にはゴム手袋などを使用し，皮膚に付着した場合にはすぐに多量の水で洗浄すること。

　特に，眼に入ると失明のおそれがあるので，十分注意する必要がある。

セルロイド（硝化綿）

　一般にこのセルロイドは，古くは映画用フィルムに，最近では卓球のボールや眼鏡のフレームあるいは，アクセサリー類などに使用されている。

1 種類と構造

　セルロイドは，綿を硝酸で処理したもの（硝化綿）に樟脳を混合したものである。
　硝化綿には，硝酸との化合割合に応じて，硝酸基が多く入っている強綿，少なく入っている弱綿に分類される。

〔硝化綿の構造〕

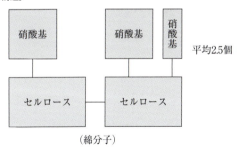

（綿分子）

2 出火原因の調査

鑑識のキーポイント

みずから分解し，その熱が蓄積して発火する。

質問のキーポイント

1：どのような状態で保存されていたか？
2：どれぐらいの量か？
3：保存時の温度はどうか？
4：保存期間はどうか？

「火災調査ポケット必携」第11編 **4** 参照

3 鑑 識

　セルロイドが長時間高温下で保存されていると，硝化綿中の硝酸基が分解し，亜硝酸ガスが発生する。この亜硝酸ガスが触媒となって一層分解が促進され，この分解熱が蓄積し，ついには硝化線が発火する。

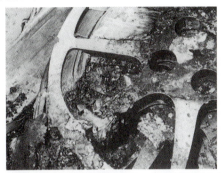

写真1　金属缶に収納されていた，古い映画フィルムから出火
（カラー写真 p.㉕）

〈見分ポイント〉

1　どのような容器での保存状態であったか見分する。
　（金属缶のような物は，分解した亜硝酸ガスが拡散しにくく，かつ分解熱も蓄積しやすくなる。）
2　どのような温度で保存されていたか確認する。
　（保存の温度が高い程，分解が促進されやすくなる。）
3　調査現場で，樟脳の臭いがするか確認する。
　（セルロイドの分解に伴い，成分の樟脳の臭いがする。）
4　現場に蜂の巣状あるいは茶色と黒の縞模様の残渣物があるか見分する。

228　第4編　化学

　　(ほかから延焼した場合は，何も残らず燃焼するが，セルロイドから出火した場合は，前記のような残渣物が残る。しかし，自然分解過程に他から延焼した場合にも，同様な残渣物が残る場合もあるので，注意する必要がある。)
5　蜂の巣状あるいは茶色と黒の縞模様の残渣物を収去し，硝酸基であることを鑑定する。

写真2　焼損物件の中心部が層状を呈している状況（カラー写真 p.㉕）

植物油

一般的に植物油は，調理用の天ぷら油や揚げかす等の形で私達の生活に親しまれている。

1 種類等

(1) 種 類

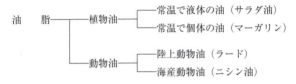

数種類の脂肪酸エステルの混合物

例　アマニ油　含有の脂肪酸

パルミチン酸[*1]　3.7〜11.3%

$CH_3(CH_2)_{14}COOH$

オレイン酸[*2]　4.8〜18.8%

$CH_3(CH_2)_7CH = CH - (CH_2)_7COOH$

リノール酸[*2]　23.2〜69.6%

$CH_3(CH_2)_4CH = CHCH_2 - CH = CH - (CH_2)_7COOH$

リノレン酸[*2]　24.2〜50.2%

$CH_3(CH_2CH = CH)_3CH_2 - (CH_2)_6COOH$

アマニ油は，上記の酸のエステルがある一定の範囲で混合している。これは，産地及び採取した季節の相違によるものである。

＊1　飽和脂肪酸

　　脂肪酸を構成している炭素間の結合が単結合で，酸化作用を受けず安定なもの。―(CH₂)―(CH₂)―　（単結合）

＊2　不飽和脂肪酸

　　脂肪酸を構成している炭素間の結合が，まだほかと結合の余地がある不飽和結合と呼ばれる結合があり，不安定なもの。―(CH＝CH)―　（不飽和結合）

(2)　ヨウ素価

　　油脂の自然発火性を推定する指標は，油脂類を構成している脂肪酸にどのくらい不飽和結合が存在するかを調べることであり，それには油脂類100gに対して，ヨウ素が吸収されるg数（ヨウ素価）が指標となる。

　　このヨウ素価が大きい油脂ほど酸化されやすく，危険性が大きいことになる。

「火災調査ポケット必携」第11編4参照

表－1　主な植物油とヨウ素価

植 物 油 名	ヨ ウ 素 価
アマニ油	170〜178
大 豆 油	124〜133
コ ー ン 油	111〜131
胡 麻 油	101〜120
菜 種 油	94〜106
醬 油 油	102〜133

2 火災原因調査

鑑識のキーポイント

植物油の染みた様々な物質から燃える。
- 小麦粉に染みた──揚玉，揚げかす
- ウエスに染みた──木工品仕上げ剤[*]が染みたウエス
- 衣類に染みた──洗濯した衣類に残った植物油

* 木工品の最終仕上げに使用されるつや出し剤にも，植物油が含まれているものが多い。

質問のキーポイント

1：何に染みていたか？
2：染みていた油の種類は？
3：どれぐらい物質の量があったか？
4：容器はどのように保管していたか？
5：出火以前の状況は？

3 鑑 識

　一般に天ぷら油等の植物油，特に不飽和結合の多い脂肪酸を含む植物油は，空気中の酸素と反応し，炭素間の不飽和結合を空気中の酸素が切断し，酸化する。このとき発生する酸化熱が油脂の染みた物質内部に蓄積し，油脂の発火する温度以上に蓄熱すると発火する。

写真　揚げ玉を入れた一斗缶から出火した状況（カラー写真 p.㉕）

〈見分ポイント〉

1　油脂類と空気との接触面積が大きいことを見分する。
　　油脂類が，ウエスなどに染み込んでいると空気との接触面積も大きく，かつ蓄熱性が高いため発火しやすくなる。
2　蓄熱は，中心部分が最も温度が高くなるため，焼損物件の中心部からの焼けを見分する。
3　関係者から出火した油脂と同種の油脂を収去し，ヨウ素価，自然発火性の有無について鑑定する。

「火災調査ポケット必携」第11編 1 ， 4 ， 10 参照

花　火

　一般に花火は夏休みの子供たちの玩具用として私たちの身の回りにある。この花火にかかわる火災は，通常花火の取扱不適に起因するものがほとんどで，ここでは，花火に含まれる各種成分にかかわる自然発火について説明する。

1 種類と成分

　花火は，火薬取締法により，「煙火」と称され，使用される火薬の量で次のように分類される。

花　火────玩具花火（通称おもちゃ花火）
　　　　└──専門家が行う花火（通称専門花火）

(1) **酸化剤** （酸素供給剤）
　　硝酸系，（過）塩素酸系等
(2) **色火剤** （色火を出す金属化合物）
　　赤火──炭酸ストロンチウム
　　緑火──硝酸バリウム
(3) **火花剤・加熱剤**
　　アルミ粉末，マグネシウム粉末等
(4) **助燃剤** （可燃物）
　　硫黄，赤りん，炭粉等
(5) **その他** （発煙剤，笛剤，糊剤）

2 出火原因の調査

鑑識のキーポイント

衝撃，熱，火花等で発火する。

質問のキーポイント

1：どのような成分状態で保存されていたか？
2：どれぐらいの量か？
3：どのように保管していたか？
4：反応開始に必要な衝撃・温度等があり得るか？

「火災調査ポケット必携」第11編2参照

3 鑑　識

　花火は，酸化剤（酸素供給剤）と助燃剤（可燃物）が混在した状況になっているが，平常の状態で発火することはない。これは，空気中の酸素（酸化剤）と木材（可燃物）が触れていても木材が発火しないのと同様に，反応を開始するのにある程度必要なエネルギーを与えないと木材は発火しないからである。

　これと同じく，花火の場合も反応開始にはエネルギーが必要で，一般に花火に含まれる酸化剤の場合は，空気中の木材等の発火に必要なエネルギーに比較し，かなり少ないエネルギーで十分である。少ないとはいえエネルギーが絶対必要であることには変わりはない。

写真　花火製造中原料の塩素酸カリウムから出火
（カラー写真 p. ㉖）

〈見分ポイント〉

1 どのような成分が保存されていたか確認する。

（花火の成分の中から，酸化剤（酸素供給剤）を抜くと，発火に必要な大前提がなくなる。）

2 どれぐらいの量が保存されていたか確認する。

3 どのように保管していたか確認する。

4 反応開始に必要な衝撃・温度等があり得るか確認する。

5 火災従事中の臭覚はどうだったか確認する。

6 出火箇所付近の出火にかかわる物件を収去して鑑定し，出火前の各種薬品を推定する。

第5編　車両

車　両

この項目では，車両自体の構造等に起因して出火した火災（電気系，燃料系，エンジン系，排気系），車内から出火した火災，交通事故による火災，及び清掃車の火災における原因調査要領について述べる。

1 車両本体の見分要領

車両火災の原因調査に当たっては，建物火災と同様に焼損状況，電気痕の有無及び関係者の出火前の状況などの供述から総合的に検討し，出火箇所を判定し原因を究明する必要がある。

(1) **ボディー・タイヤ**

前後・左右の焼け方を比較して見分する。

(2) **ボンネット**

ボンネットの前後・左右の焼け方を比較して見分する。

エンジンルーム内から出火した場合，ボンネットの変色の強い部分がエンジンルーム内のどの位置にくるのか，メジャーによる測定や白ひもをボンネット内側面に接着して，ボンネットを下げておおよその出火箇所を特定する。

(3) **フロントグリル，ダッシュパネル**

前後・左右の焼け方を比較して見分する。

(4) **エンジン部**

エンジンルーム内の合成樹脂，ゴム配管，金属部の変色などから燃え方の方向を見分する。

2 車両火災の原因調査

鑑識のキーポイント

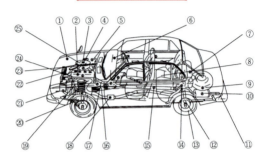

① ボンネット:変色の状況により焼けを見分ける
② エンジン:オイル不足やオーバーヒートによるシリンダーブロック破損による出火はどうか
  停車時、アクセルペダルの踏み込みによる排気管の過熱やブローバイガスホース取付け部の軟化によるオイル吹き出しによる出火はどうか
③ キャブレター(気化器) ｝逆火による出火はどうか
④ エアクリーナー(空気清浄器)
⑤ ブレーキ・サーボ
⑥ インストルメントパネル:パネル内の電気配線の短絡やブロアーモータのレジスターによる出火はどうか
⑦ 燃料タンク
⑧ 運転室内:たばこによる出火や放火による出火はどうか
⑨ 予備タイヤ
⑩ マフラー(消音器):アクセル踏み込みによるマフラーの過熱によるマフラー固定用緩衝ゴム(Oリング)からの出火はどうか
⑪ ランプ類:配線の接続不良による出火はどうか
⑫ リア・ドラムブレーキ:ブレーキシューの摩擦熱、車軸のベアリングの摩擦による出火はどうか
⑬ タイヤ:パンク状態で走行し路面とタイヤ及びホイールとの摩擦による出火はどうか
⑭ リア・サスペンション
⑮ プロペラシャフト
⑯ ギアボックス(変換機)
⑰ クラッチ・クラッチ板損傷による出火はどうか
⑱ 触媒装置:点火プラグの点火不良やラン・オン現象による触媒装置の過熱による出火はどうか
⑲ エキゾーストマニホールド:ウエス等の可燃物が接触しての出火はどうか

⑳ フロント・ディスクブレーキ
㉑ バッテリー（蓄電池）：固定不良による固定金具との短絡やボンネット支持棒等との接触による出火はどうか
㉒ ラジエータ（放熱器）
㉓ 電気系統：各種電気配線の固定金具との短絡や線間短絡による出火はどうか
㉔ 潤滑油系統：シリンダーヘッドカバーパッキンの損傷やオイルフィルター取付不良によるオイル漏れによる出火はどうか
㉕ 燃料系統：ゴムホースの亀裂や抜け，ホースバンドのくい込みによる燃料漏れはどうか

質問のキーポイント

1：火災出場時の調査事項

(1) 走行路面のガソリン，オイル漏れの有無を確認する。

2：運転手からの聴取事項

(1) 車両のメーカー，名称，型式，年式，排気量，車台番号（自動車検査証）

(2) 購入年月日，購入金額，走行距離

(3) 車検や点検整備の内容，故障の有無及び修理状況

(4) 出火当日の走行状況（経路，時間経過，走行距離）

(5) 走行中，加速が効かなくなったか？

(6) ブレーキの踏みしろがなくなったか？

(7) クラッチがすべり，入らなくなったか？

(8) ガソリンの臭いがしたか？

(9) 計器盤の警告灯（排気温度等）が点灯したか？

(10) 出火時の火煙の発生状況

(11) 出火後の状況

ア 出火後イグニッションスイッチを切ったかどうか？
（エンジンを止めないと出火後もガソリンが供給され，延焼速度に大きく影響する場合がある。）

イ 消火の状況及び消火時の延焼箇所

電気系

　車両には，各種電気装置が使われ，それらをつなぐ配線もいたるところに取り回されており，これら配線及び装置にかかわる火災が発生している。
　ここではエンジンルームにかかわる電気系について触れ，車内の配線については「車内系」で触れる。

1 各種機器の構造

（1）バッテリー

　　バッテリーは電気エネルギーを発生するいくつかの電そう（セル）の集まりであり，各電そうは極板，隔離板（セパレータ），電そう蓋によって構成されている。

〔構造図〕

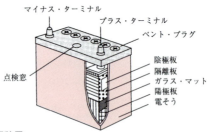

（2）充電装置

　　オルタネータ（交流発電機）は，走行中に各種電装品に電力を供給するとともに，余分な電力はバッテリーに充電し，必要なと

きはいつでもバッテリーから電力を供給することができる。

最近のオルタネータ内部には電圧調整器（レギュレーター）が設けられており，この働きは，オルタネータで発電した交流を直流に整流するとともに，発電器の発電量をバッテリーの消費電流に合わせてコントロールしてバッテリーの過充電を防止し，常にバッテリーを充電完了の状態にするものである。

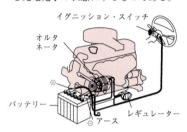

充電装置

(3) **点火装置**

スパークプラグの電極隙間に12,000〜15,000Vの高電圧を加えて火花放電を生じさせ，火花によって混合気に点火している。

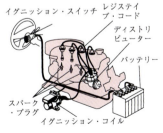

点火装置

(4) ヘッドライト

　ヘッドライトはレンズ，反射鏡，フィラメントなどで構成され，現在最も多く使用されているシールドビーム式は，これらが一体構造となっており，内部に窒素やアルゴンなどの不活性ガスが封入されたものである。

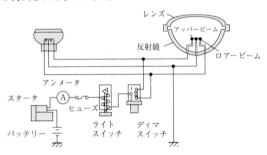

(5) ホーン

　ホーンは警報音を発して注意を与えるもので，自動車のホーンは大別すると電気式ホーンとエア式ホーンに分類できる。

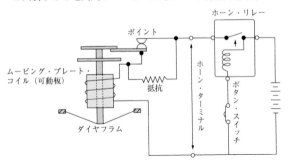

電気系　245

2 出火原因の調査

鑑識のキーポイント

バッテリー　　　　　各種配線　　　各種電気機器

A ■ バッテリー本体が燃えている。

B-1 ■ イグニッションスイッチに至る配線が燃えている。
B-2 ■ スタータの配線が燃えている。
B-3 ■ 燃料噴射器の配線が燃えている。
B-4 ■ 改造・後付けの配線が燃えている。
B-5 ■ アース線が離脱し，漏洩電流により発熱する。
B-6 ■ 配線接続部の焼損が強い。

C-1 ■ スタータ端子にワイヤー等が接触して出火
C-1 ■ スタータ本体が焼損して変色している。

D ■ オルタネータの端子が焼損している。

E ■ リレーが燃えている。

246 　第 5 編　車　両

質問のキーポイント

1：バッテリーの交換時期

2：エンジンルーム内に異物の忘れはないか？

3：エンストしなかったか？

4：出火前の走行状況と異常の有無

5：改造・後付けをしていないか？

6：今までの修理状況

7：点検，車検の時期とその整備内容

8：使用していた機器（エアコン，ヒータ，ラジオ等）

9：エンジン始動の有無とその状況

10：チャージランプの点灯の有無

11：車高調整装置のコンプレッサーの音が何回もしていなかったか？

3 鑑　識

A ■ バッテリーの短絡

　バッテリーのプラスターミナルにボンネット支持棒や他の異物が接触したり，バッテリーの固定不良によりプラスターミナルに固定金具が接触して出火する，

　また，バッテリーのプラスターミナルからヒューズに至る間の配線やセルモータに至るケーブルは，ヒューズの保護がないために出火の危険性が高い。

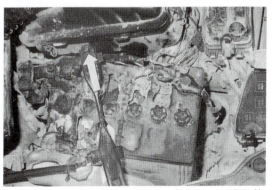

写真A　金具が外れてプラスターミナルに接触している状況（矢印は，締付けボルトが外れている状況）

〈見分ポイント〉

1　バッテリーのプラスターミナル及び配線に鉄の溶着物がないか，また，配線に溶融痕がないか見分する。
2　プラスターミナルにバッテリー固定金具が接触していないか見分する。

3　バッテリー本体の合成樹脂は，短絡箇所部分の焼損が強い。
4　プラスターミナルの合成樹脂製カバーが焼損している。

B-1 ■ イグニッション・スイッチに至る配線の短絡

　一般には，バッテリーのプラスターミナルにヒュージブルリンクというヒューズが付いているが，断続的なスパークではヒューズが溶断する前に配線被覆に着火する。

　また，外国製乗用車の場合，ヒュージブルリンクがないものもある。

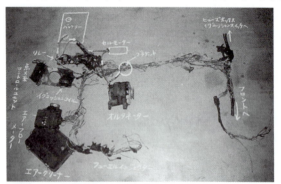

写真B-1　配線が固定金具と短絡している状況

〈見分ポイント〉
1　配線を固定している部分や車体に擦れて短絡痕がないか見分する。
2　配線の素線で断線又は溶融していないか見分する。
3　固定金具に銅の付着物や欠損部分がないか見分する。
4　短絡箇所から他の可燃物への延焼状況を見分する。

電気系　249

B-2 ■スタータの配線の短絡

　スタータの配線はバッテリーのプラスターミナルからスタータの端子に接続されている最も太い配線である。始動時，大電流が流れるためにヒューズはない。

　このため，短絡すると赤熱状態となり，出火する。

写真B-2　スタータの配線の短絡状況（カラー写真 p.㉖）

〔配線の固定状況図〕

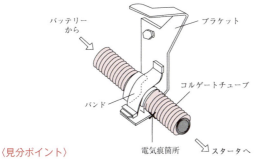

〈見分ポイント〉

　B-1参照

B-3 ■ 燃料噴射器の配線の短絡

燃料噴射器（インジェクター）の電源線が固定金具と短絡して出火する。

写真B-3　燃料噴射器の電源線が固定金具と短絡している状況

〈見分ポイント〉

B-1参照

B-4 ■ 改造・後付けの配線の短絡

ヘッドライトやホーン等の改造・後付けによる配線の措置方法が悪く，車体等と擦れて短絡して出火する。

バッテリーのプラスターミナルから直結して配

写真B-4　改造したヘッドライトの配線がメッシュのキャニスターホースと短絡している状況（カラー写真 p.㉗）

線している場合が多い。

〈見分ポイント〉
1 バッテリーのプラスターミナルから直結して配線しているコードが焼損している。
2 ワイヤハーネスと一体となっていない配線がないか見分する。
3 その他，B-1参照

B-5 ■アース線離脱による火災

　スタータモータの配線はエンジン本体にアースされているが，エンジン本体についてはエンジンマウント（緩衝ゴム）で車体から絶縁されているため，エンジン本体から車体へアース線が複数設置されている。

　整備時にメインのアース線の取付けを忘れると，線径の細い補助のアース線にエンジン始動時のスタータの電流が流れて，補助アース線を溶断し，エンジン部に接続しているクラッチワイヤーや触媒の温度センサー，メッシュの各種ホースに漏洩電流が流れて過熱し，エンジン部や室内から出火する。

〔漏洩電流概略図〕

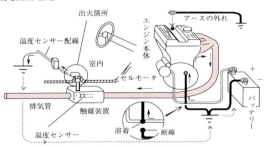

252　第5編　車両

写真B-5　排気温センサーに漏洩電流が流れて赤熱し出火したもの

〈見分ポイント〉

1　エンジン本体から車体へのアース線の数と,外れている配線がないか見分する。
2　室内が焼損していても,漏洩電流による可能性がないか確認する。
3　エンジン部のスタータ端子にアクセルワイヤー等が接していないか見分する。

B-6 ■ 接触部の過熱

配線接続部のスリーブの圧着不良があると,接触部が過熱し出火する。

写真B-6　熱線用配線端子部の溶痕の状況

〈見分ポイント〉

　各種配線接続部の圧着不良がないか，また，その箇所に溶融がないか見分する。

C-1 ■ スタータ端子にワイヤー等が接触して出火

　スタータモータの出力は，小型乗用車の場合1kWくらいのものが使用されており，エンジン始動時には80～100Aくらいの電流が流れる。このスタータモータの端子部分にワイヤー等が接触して出火する。

〔構造図〕「火災調査ポケット必携」第12編**3**参照

写真C-1　スタータのB端子にクラッチワイヤーが接触し短絡している状況

〈見分ポイント〉

1　スタータB端子にワイヤー等が接触していないか見分する。
2　スタータB端子にカバーがしてあるか見分する。
3　スタータB端子及びワイヤーに短絡痕がないか見分する。
4　短絡時の漏洩電流により，室内から出火していないか見分する。
　（B-5参照）

C-2 ■ スタータモータの過熱による出火

　スタータモータが始動時にピニオンギアがフライホイールを回転させ、エンジンを始動するが、このピニオンギアが戻らず、エンジンの回転で回転すると発電状態となり、過熱して出火する。

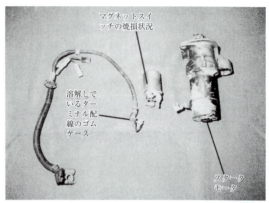

写真C-2　スタータモータへ接続されている配線の短絡状況

〈見分ポイント〉

1　スタータモータ本体の変色が強い。

2　スタータモータ内部を見分すると、配線が断線している。

3　スタータケーブルに短絡痕が発生する場合がある。

4　ピニオンギアを見分すると、フライホイールに噛み合っている。

D ■ オルタネータB端子の過熱による出火

オルタネータで発電されて,バッテリーへ充電する配線の接続部(B端子)のボルトが緩むと過熱して,合成ゴム製の端子カバーに着火して出火する。

〔オルタネータの構造図〕

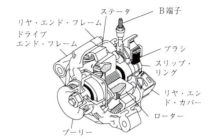

写真D-1　出火したオルタネータを同型品と比較したもの
（カラー写真 p.㉗）

写真D-2　オルタネータのB端子のボルトのネジが溶融している状況
（カラー写真 p.㉗）

〈見分ポイント〉

1　オルタネータのB端子付近の焼損が強い。
2　オルタネータのB端子のボルト及びバッテリーに至る配線のワッシャー，スプリングワッシャーが溶融している。

E ▪ リレーから出火した火災

　大電流がスイッチ部分に流れると，その接点がスパークにより傷むため，小さな電流で大きな電流の断続をする各種リレーが設けられている。

　長期間，このリレーの断続状態が継続すると内部のコイルに過電流が流れ，出火する。

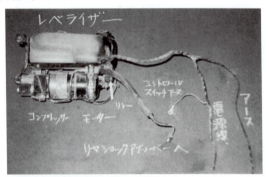

写真E　車高調整装置のリレーの焼損状況

〈見分ポイント〉

1　リレーが焼損し内部のコイルが露出している。
2　コイルの接点部に溶着がないか見分する。
3　コイルに短絡痕がないか見分する。

燃料系　257

燃料系

　車両の燃料には，ガソリン，軽油，ＬＰＧ，メタノール，水素ガス，太陽熱，電気などがあり，また，車両にはエンジンオイルなどの各種オイルも使用されている。これらの燃料やオイル等が漏れて火災となっている。

１ 燃料供給方式と各種オイル

　(1)　ガソリン車の燃料供給方法

　　ア　キャブレター（気化器）方式

　　　　「火災調査ポケット必携」第12編 ❸ 参照

　　イ　電子制御燃料噴射装置方式

　　　(ア)　系統別構成

　　　　　燃料系統：燃焼に必要なガソリンを規定の一定圧力でインジェクターに圧送し，インジェクターはコンピュータの信号によって計量噴射する。

　　　　　吸気系統：燃焼に必要な空気を供給する。

　　　　　制御系統：エンジン負荷，水温，吸気温，回転数，加減速の状態を各センサーで検出し，コンピュータで噴射時間を決定してインジェクターへ信号を送る。

〔電子制御燃料噴射装置の燃料供給構成図〕

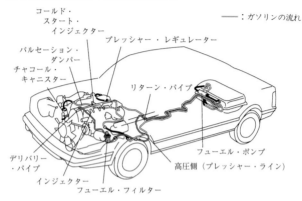

(イ) 燃料系統の構成部品の構造と働き

　　燃料はフューエルポンプで汲み上げられ，プレッシャーライン（高圧側パイプ）を通ってエンジンルームへ送られる。エンジンルームでは，フューエルフィルターを通った後，デリバリーパイプで各インジェクターへ分配され，プレッシャーレギュレーターへ入り，ポンプからプレッシャーレギュレー

〔ガソリン・オイルの引火点と発火点〕

	引火点(℃)	発火点(℃)
ガソリン（レギュラー）	−40以下	約300
軽油2号（通常）	80	約257
3号	52	約250
特3号	47	約250
エンジン油	210〜260	350〜370
パワステ油	218	約350
ATF	186〜218	約350

新日本石油（現：JXTGエネルギー）調べ
注　メーカー及び製品により，数値に多少の違いがある。

燃料系　259

ター間の燃料圧力を一定圧力にし，余った燃料はリターンパイプを通ってフューエルタンクに戻る。

(2) **各種オイル**

　ア　エンジンオイル

〔DOHC エンジンのオイル系統図〕

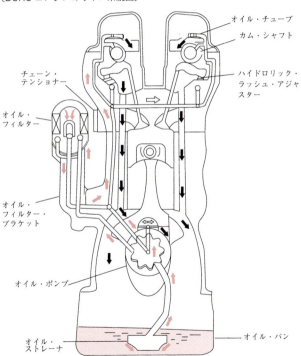

イ　ブレーキオイル

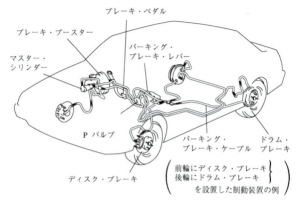

常用ブレーキと駐車ブレーキの2系統を備えたブレーキシステム

ウ　パワーステアリングオイル

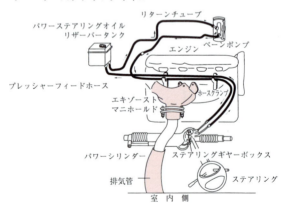

パワーステアリングオイルの流れ

パワーステアリングとは,油圧によりハンドルの操作力を軽くする装置で,エンジンの回転でベーンポンプが駆動し,油圧がシリンダーのピストンにかかり,ピストンが移動するとステアリングシャフトのギアを回転させる仕組みとなっている。

エ　トルクコンバータオイル

　　トルクコンバータはエンジン出力のトルクを十分大きな駆動力に変換するための第一段階で,1つのハウジングの中にポンプと向かい合ってタービンがあり,その中間にステーターがある。それぞれにはベーンがあって,中にはオートフルードが介在してエンジンとともに回転し,遠心力によってポンプからタービンに入り,ステーターで向きを変えて再びポンプに戻る。このときに,タービンを回す力はポンプから出た力よりも大きくなるために,トルクが大きく変換される。このトルク比が1.0から最大2.0〜2.4の範囲で変換される。

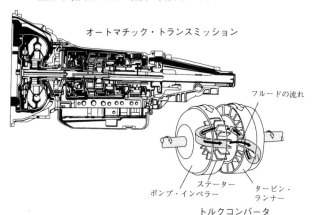

オートマチック・トランスミッション

フルードの流れ

ポンプ・インペラー　ステーター　タービン・ランナー

トルクコンバータ

2 出火原因の調査

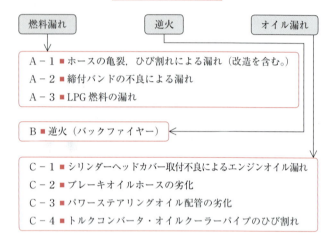

質問のキーポイント

1：車両の年式や走行距離を確認する。
2：燃料配管のバンドの有無，構造，締付状況を確認する。
3：出火前エンジンの調子，走行中のガソリン臭がなかったか？
4：最近の点検・整備状況及び事故の経歴を確認する。
5：配管の取回し状況を確認する。
6：ラジエータへのＬＬＣ（ロングライフクーラント）や水の補充状況を確認する。

3 鑑 識

A－1 ■ 燃料ホースの亀裂・ひび割れ

　ゴム製燃料配管の長年劣化，エンジンルーム内の熱影響，走行時の振動等により，配管に亀裂やひび割れが生じて燃料が漏れ，ディストリビュータの火花やハイテンションコード・スパークプラグのリークなどで引火し，出火する。

写真A－1　フューエルデリバリーパイプとインジェクターの間の燃料配管の亀裂状況

〈見分ポイント〉
1　出火箇所付近の配管のひび割れ，亀裂，残存状況を確認する。
2　亀裂箇所等を中心にした焼けの方向性を見分する。

A−2 ■ 燃料ホース締付バンドの締付不良

ゴム製燃料ホースと他の金属配管との取付部にネジ式締付バンドを使用すると，締め付けすぎるおそれがあり，ホースが走行時の振動等で亀裂を生じ燃料漏れが発生する。

また，締付バンドの緩みにより，燃料が漏れたり，外れて出火する。

〈見分ポイント〉

1　漏れ箇所を中心にした焼けの方向性があるか見分する。
2　締付バンドの有無，締付状態などを確認する。

写真A−2　締付バンドがホースに食い込んでいる状況

A−3 ■ LPG燃料の漏洩

ほとんどのタクシーでは，経済的理由から燃料にLPGを使用しており，その燃料系統の途中にはいくつかの燃料遮断弁が設けられている。

燃料用プロパンガス減圧装置（ベーパーライザー）内にある一次減圧弁（プライマリーバルブ）の劣化，及び走行中の振動等により亀裂が生じ，高圧のプロパンガスがスロー系燃料配管からキャブレタを経てエアークリーナーの空気取入口へと流出し，エンジンルーム内にガスが充満する。スタータモータを回すことにより，オルタネータの火花等で引火し出火する。

燃料系 265

〔ベーパーライザー断面図〕

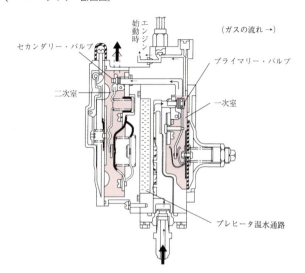

（ガスの流れ→）

セカンダリー・バルブ
エンジン始動時
プライマリー・バルブ
二次室
一次室
プレヒータ温水通路

写真A－3－1　ベーパーライザーを分解した状況
（カラー写真 p.㉘）

266   第5編 車 両

写真A-3-2　プライマリーバルブのNBR
（ニトリルブタジエンラバー）
部の劣化状況(カラー写真p.㉘)

〈見分ポイント〉
1　燃料の流れを確認して配管や機器の内部を見分し，燃料漏れの原因を追求する。特に，ゴム部分の劣化や亀裂がないか見分する。
2　爆発時の状況，ガス漏れ箇所の位置から発火源の特定を行う。

B ■逆火（バックファイヤー）

　逆火はエンジンの温度が低い場合，混合ガスが薄すぎる場合，吸気バルブの閉じが悪い場合，燃料中に水分が混じっている場合，シリンダーガスケットが破れた場合，エンジンの過熱又は過冷却の場合に発生し出火する。

燃料系 267

写真B-1　エンジン内部の焼損状況

写真B-2　空気量を調整するエアーコントロールジェットが緩んでいる状況 (カラー写真 p.㉘)

〈見分ポイント〉

1　キャブレター方式のエンジンで発生しており，エアークリーナー及びエアーダクト内部が周囲よりも激しく焼損している。
2　出火前のエンジンの不調，ガソリン臭の有無を確認する。

C-1 ■ シリンダーヘッドカバー（ロッカーカバー）取付不良によるエンジンオイル漏れ

シリンダーヘッドカバー上部のボルトの締付けが緩かったり，パッキンの取付方法が悪いとエンジンオイルが漏れて下方の排気管に滴下し出火する。

写真C-1　パッキンの付着及び焼損状況

〈見分ポイント〉

1　シリンダーヘッドカバーの締付ボルトの締付状態を確認する。
2　パッキン及びエンジン部周囲にオイルの付着が見分される。
3　焼損があまり激しくない場合には，パッキンの一部だけが焼け切れていたり，変形しているのが見分される。

C-2 ■ ブレーキオイルホースの劣化

　ブレーキ用高圧ゴムホースが経年劣化により亀裂を生じ，ブレーキ作動時にホースからオイルが霧状に噴出し，排気管にかかり着火し出火する。

写真C-2　ブレーキオイル漏れと下方の排気管の状況
（カラー写真 p.㉙）

〈見分ポイント〉
1　車両底部及び路面にオイルの付着が見分される。
2　エンジンルームのブレーキオイルタンク内のオイルの量が減っているのが見分される。
3　消火が早い場合には，ブレーキオイルホースにひび割れ，亀裂が確認できる場合がある。

C−3 ■ パワーステアリングオイル配管の劣化による出火

　パワーステアリングオイルホースの劣化又はホース接続不良などによって，オイルが漏れて排気管にかかり出火する。

　車両を停止した状態でハンドルを回転させると，パワーステアリングオイルホース内の圧力が最大となり，約80kg/㎠に達するため，ホース接続部などの劣化した箇所で亀裂等を生じオイルが漏れ出火する。

写真C−3　パワーステアリングオイルホースの焼損状況

〈見分ポイント〉

1　ボンネットの焼損状況を確認する。

2　排気管とオイル配管の位置関係を調べる。

3　車両底部のオイル漏れの状況を見分する。

C-4 ■ トルコンオイル漏れによる出火

　オイルパンとトルコンオイルクーラーパイプ間のパイプが何らかの原因で切損し，オイルが排気管にかかり出火する。また，ラジエータ下部のトルコンオイルクーラーパイプにひび割れが生じ，トルコンオイルにラジエータの冷却水が入り込み油量が増えるとともに，ミッション内の油圧が低下してギヤー固定用のクラッチ板がすべって過熱し，ミッション内の温度が上昇してトルコンオイルに混入した冷却水が蒸発する。その蒸気圧がブリザープラグ（空気抜き口）から抜けきれず，トルコンオイルがレベルゲージのパイプ部分から溢れ出し，下方の排気管のフロントパイプ部分に触れて発火し出火する。

写真C-4　トルコンオイルが車両下部に漏れている状況
（カラー写真 p. ㉙）

〔状況図〕

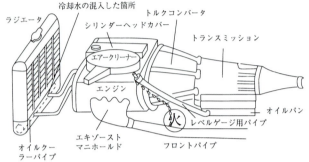

〈見分ポイント〉

1　路上及びエンジンルーム底部にオイルの付着が見分される。
2　トルコンオイルのオイルパン内に乳化したオイルとLLCの成分であるエチレングリコールと水分が検出される。
3　シフトレバーが入らなくなる。
4　アクセルを踏み込み，エンジン回転が上がっても走度が上がらない。
5　エンジンルームから白煙が噴出する。

（参　考）

　ラジエータの冷却水には，凍結防止と防錆のためにロングライフクーラント（LLC）が普及しているが，これらのメンテナンスが悪いと，ラジエータやオイルクーラーが腐食し穴が空くときがある。

　ラジエータの冷却水の圧力は，最大で0.9kg/㎠であり，トルコンオイルのポンプ圧力は最大3.0kg/㎠であるため，走行中はトルコンオイルに冷却水が入ることがないが，エンジンが停止するとトルコンオイルの圧力がなくなるため，冷却水が入ることがある。

エンジン系

エンジン系では，エンジンの空吹かしによるオーバーヒートにかかわるもの，エンジンオイルなどのオイル漏れによるもの，また，コンプレッサーなどによるものから火災が発生している。

1 種類と構造

〈エンジン（原動機）の分類〉

レシプロエンジン
- 2サイクル…
  - ガソリンエンジン…軽自動車・オートバイ
  - ディーゼルエンジン…トラック
- 4サイクル…
  - ガソリンエンジン…一般乗用車・トラック
  - LPGエンジン…タクシー・小型トラックなどの営業車
  - ディーゼルエンジン…トラック・バス・乗用車

ロータリーエンジン…………………一部乗用車

(1) ガソリンエンジン

点火プラグの火花でガソリンと空気の混合気を爆発燃焼させる。（図は燃料噴射方式のエンジン構成）〔キャブレター方式〕

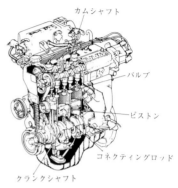

ガソリンエンジンの構成

(2) ディーゼルエンジン

空気のみをシリンダーへ吸入し、ピストンで圧縮した後、燃料噴射装置により軽油を噴射し、爆発燃焼させる。

ディーゼルエンジンの構成

(3) **ロータリーエンジン**

ピストンの往復運動を利用しないで、燃焼ガスの圧力を直接ローターの回転運動として取り出すもの。

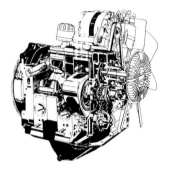

ロータリーエンジンの構成

「火災調査ポケット必携」第12編**3**参照

2 出火原因の調査

鑑識のキーポイント

オーバーヒート	潤滑油系統	プーリー・コンプレッサー	クラッチ

A－1 ■ ガスケットからオイルが漏れて燃える。

A－2 ■ ブローバイガス還元装置からオイルが
漏れて燃える。

A－3 ■ エキゾーストマニホールドが過熱し
て，近接した可燃物が燃える。

B－1 ■ エンジンが破損して飛散したオイルが燃える。

B－2 ■ オイルフィルターの取付不良で噴出したオイルが
燃える。

B－3 ■ ターボチャージャーのオイル配管から漏れたオイ
ルが燃える。

C－1 ■ プーリーの緩衝ゴム及びVベルト等が燃える。

C－2 ■ エアコンコンプレッサーが燃える。

D ■ 赤熱したプレッシャープレートが破損・飛散して合成
樹脂等が燃える。

エンジン系　277

質問のキーポイント

1：車内で寝込んでいなかったか？

2：付近住民が高速回転のエンジン音を聞いていないか？

3：出火時，水温計が上昇しなかったか？

4：ラジエータの水漏れがないか？

5：出火時，エンストの有無

6：再始動時にエンジンが回転したか？

7：オイルフィルターの交換時期は？

8：オイルが減ることはなかったか？

9：排気ガスが白くなかったか？

10：エンジン部からの異音はなかったか？

11：エアコンの使用の有無

12：エアコン用冷媒ガスチャージの時期

13：走行時にクラッチのすべりがなかったか？

14：出火直前に衝撃音がなかったか？

3 鑑 識

A-1 ■ エンジンガスケット部のオイル漏れによる出火

ラジエータの水漏れやエンジンオイル不足により、エンジンがオーバーヒートするとガスケットが変形損傷し、内圧によりオイル漏れを起こす。このオイルが過熱した排気管にかかり出火する。

写真A-1 シリンダーヘッドを取り外したガスケットの状況

〈見分ポイント〉

1 シリンダーのピストンが焼き付いて、シリンダーに傷が見られる。
2 ガスケットの一部分にオイルの付着が見られ、オイルが噴出した跡が見分される。
3 ガスケットを取り除いて金属面の水平を当たると、若干の湾曲が見分される。
4 焼損の程度によっては、ラジエータのアッパーホースの亀裂や冷却水のサブタンクの蓋の外れが見分される。

A−2 ■ ブローバイガス還元装置からのオイル漏れによる出火

　ブローバイガス還元装置は、ピストン圧縮時にクランクルーム内に漏れた未燃ガスをエアーインテーク又はエアークリーナーへ戻して燃焼させる排ガス規制の1つである。

　車内で寝込んでしまい、アクセルペダルの踏込みによりエンジンの連続空吹かし（過レーシング）を行うと、オーバーヒートとなり、ブローバイガスが過熱し、シリンダーヘッドカバーに取り付けられたブローバイガス逆流防止バルブ（ＰＣＶバルブ）のパッキン部が軟化してオイルが噴出し、排気管の熱で出火する。

　その他、エアークリーナーに溜まったオイルが水抜き口から漏れ、漏れたオイルが排気管にかかり出火する。

〈見分ポイント〉

1　ＰＣＶバルブ及び排気管上方のボンネットの焼けが強いかどうか見分する。

写真Ａ−2−1　ＰＣＶバルブ及びパッキンの焼損状況

280　第5編　車　両

写真Ａ－２－２　エアークリーナー内に溜まったオイル及び水抜き口（矢印）の状況（カラー写真 p.㉙）

2　ＰＣＶバルブ及びパッキンが焼損し，溶融しているか見分する。
3　インテーク及びエアークリーナー内に多量のオイルが見分される。
4　排気管に多量のオイルが付着し，排気管上方の可燃物の焼損が強い。

Ａ－３ ■ エキゾーストマニホールドが過熱して出火

　連続空吹かし（過レーシング）を行うと，オーバーヒートしてエンジンが過熱するとともに，エキゾーストマニホールドも高温となり，近接した合成樹脂等の可燃物に着火して出火する。

〈見分ポイント〉
1　ボンネット及びエンジンルームともに，エキゾーストマニホールド周辺の焼損が強い。
2　インテーク内にエンジンオイルの付着は少ない。
3　エキゾーストマニホールドの近くにラジエータサブタンクや配管被覆などの可燃物があるかどうか，同型車で見分する。

エンジン系　281

写真A-3　エキゾーストマニホールドの過熱による出火

B-1 ■ エンジンが破損しオイルが飛散して出火

冷却水やエンジンオイルが不足すると、ピストンが焼き付き、コンロッドが中央付近で破損したり、メタル部分へのオイルの循環が悪くなってメタルが擦り減り、ビッグエンドとクランクシャフト間にガタを生じてビ

写真B-1-1　エンジン破損と排気管付近の焼損状況（カラー写真 p.30）

ッグエンドが破損し、コンロッドがシリンダーブロックを突き破る。このエンジン破損箇所からオイルが飛散し、排気管にかかり出火する。

282　第5編　車　両

写真B－1－2　ピストン・コンロッド・メタルの破損状況

〔部品図〕

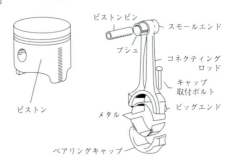

〈見分ポイント〉

1　エンジンが破損して，オイルが飛散しているのが見分される。

2　エキゾーストマニホールド付近の焼損が強いのが見分される。

3　オイルパンをはずし，オイルの量，流れ，破片を見分する。

エンジン系　283

B-2 ■ オイルフィルターの取付不良による火災

　オイルフィルターエレメントの交換の際，締付不良や古いエレメントのパッキンが残存したまま新しいエレメントを取り付け，パッキンの変形や亀裂によって，エンジンオイルが漏れて排気管の熱で出火する。

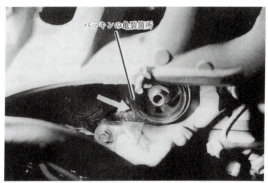

写真B-2　旧パッキンの亀裂状況

〈見分ポイント〉

1　オイルエレメント及び排気管周囲に，エンジンオイルの付着があるか見分する。
2　オイルフィルターエレメントの締付状態を確認する。
3　オイルエレメントのパッキンに変形，亀裂がないか見分する。
4　古いパッキンが残存していないか見分する。

B-3-1 ■ ターボチャージャーのオイル漏れによる出火

　ターボチャージャーとは，排気タービン駆動方式の過給機であり，エンジンに通常以上の空気を送り込んでエンジンの出力を向上させ

るものである。このターボチャージャーのシャフトの潤滑用にエンジンオイルが使われているが,タービンハウジングのスナップリング等による密閉不良から漏れたオイルが排気管にかかり出火する。

〔ターボチャージャーシステム図〕

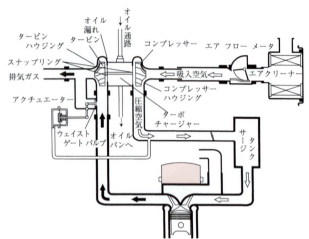

〈見分ポイント〉
1 路面や車両底部,排気管にオイルの付着が見分される。
2 オイル通路に圧力をかけ,出口をふさいで石けん水等を周囲に塗ると,漏れの箇所が確認できる。

B-3-2 ■ターボチャージャーの改造による出火

　ターボチャージャーにオイルを供給する高圧パイプが,改造等により配管の取回しが悪いと熱により配管が劣化し,亀裂によりオイルが漏れ出火する。

エンジン系 285

写真B-3-2 ターボチャージャー付近の焼損状況（遮熱板の内側に配管したため出火したもの）（カラー写真 p.30）

〈見分ポイント〉

1 ターボチャージャーなどを改造しているか確認する。
2 改造に伴う配管が正規の位置に取り付けられているか見分する。

C-1 ■ プーリーの緩衝ゴム及びVベルトが摩擦により出火

クランクプーリーの外輪部と内輪部の間に，振動緩衝用ゴムが設置されているものがあり，このゴムが劣化してすべりを起こすと，摩擦熱により出火する。ま

写真C-1 クランクプーリーの焼損状況

た，各種プーリーの駆動用Ｖベルトが緩み等の摩擦熱で出火する。

〈見分ポイント〉
1 プーリーの振動緩衝用ゴムが焼損しているか見分する。
2 焼損したＶベルトに緩みがなかったか，若しくは過負荷運転になっていなかったか確認する。

C-2 ■エアコンコンプレッサー内のオイル切れによる出火

　エアコンコンプレッサー内には，冷媒ガスの気密性を保つため約200ccのオイルが入って循環している。

　このオイルがコンプレッサーの軸部のパッキン部分等からガス漏れとともに抜けてしまうと，コンプレッサー内のピストンが焼き付き，ロック状態となり，プーリーと電磁クラッチ板との摩擦熱，又はベルトとプーリーとの摩擦熱により出火する。

〈見分ポイント〉

1 Ｖベルト及び電磁クラッチ内側の合成樹脂の焼損が強いか見分する。
2 コンプレッサー本体にオイルやほこりが付着し，オイル抜けの状況があるか見分する。

写真Ｃ-2　破損したエアコンコンプレッサーを同型品と比較したもの（カラー写真 p.㉚）

3 アルミ製ピストンの溶着，コンロッドの破損によるロック状態を確認する。

D ■ クラッチ板の摩擦熱による出火

クラッチ装置は，エンジンの回転力を任意に断続させて自動車の発進・ギアの切替え・停止をスムースに行うための装置である。

マニュアル車で走行中に，シフトレバーをトップからセコンドやローに入れて極端なシフトダウンを行ったり，クラッチの多用，あるいは油圧式クラッチの油圧調整不良などによりクラッチ板のフェーシング（グラスウール材等）が破損又は擦り減り，露出したクラッチ板のリベットがフライホイールやプレッシャープレートと擦れ，赤熱したプレッシャープレートが破損・飛散してミッションケース（ベルハウジング）を突き破る。

この際にミッションケースの一部が合成樹脂の場合には，これに着火したり，エンジンルームと車内の仕切り板（ダッシュボード）に突き刺さり内部のフェルトに着火する。他には，4輪駆動車でミッションケースとデファレンシャルキャリアが一体構造となっている場合にプレッシャープレートがデファレンシャルキャリアを破損して，ミッションケース内に漏洩したデファレンシャルオイルに着火した事例や飛散したプレッシャープレートが燃料配管とスタータ配線を切断して出火する。

〔構造図〕

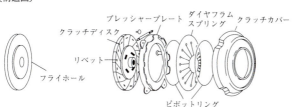

288　第5編　車　両

写真D　クラッチの破損状況

〈見分ポイント〉

1　ミッションケースの破損箇所及びプレッシャープレートの飛散状況を見分する（エンジン構造から、シリンダーブロックとミッションケースを見間違えるおそれがあるので注意する。）。
2　クラッチを外し、クラッチ板やダイヤフラムスプリングの破損状況やプレッシャープレートやフライホイールの擦り傷を見分する。

排気系

　エンジンのシリンダー内で燃焼後，排気弁から排出された排気ガスは，エキゾーストマニホールドを通り，フロントパイプ，触媒コンバータ，センターパイプ，マフラー（サブ・メイン）などを通過して大気に放出される。この排気系の熱に伴い火災が発生している。

1 系統及び構造

〔排気系統図〕

〔排気系部品名〕

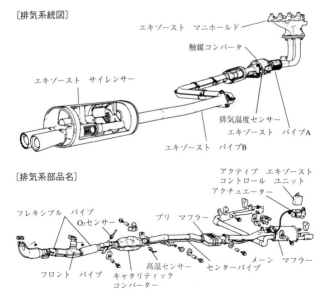

触媒コンバータ

　モノリス型三元触媒コンバータは，アルミナを格子状に構成し，その表面に白金とロジウム若しくはパラジウムを加えた触媒物質を付着させたもので，排気ガス中の有害成分とされる以下の3つの元素を無害な物質に変化させるものである。

- 一酸化炭素（CO）　⇨　二酸化炭素（CO_2）　＝酸化作用
- 炭化水素（HC）　⇨　　水　　（H_2O）　＝酸化作用
- 窒素酸化物（NO_X）　⇨　窒　　素（N_2）　＝還元作用

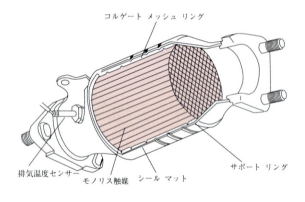

モノリス型三元触媒コンバータ

2 出火原因の調査

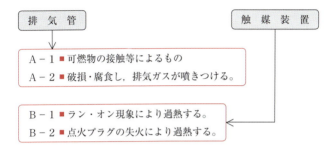

質問のキーポイント

1：エンジンルームにウエスを置いていなかったか？
2：トラックのキャブと荷台の間に段ボールや布切れを積載していなかったか？
3：車両後部に枯草・廃材・段ボール・衣類等はなかったか？
4：排気音がひどくなかったか？
5：車両底部に廃材等の可燃物はなかったか？
6：事故等で車両底部を損傷したことはないか？
7：イグニッションスイッチを切ってもエンジンが回っている状態がなかったか？
8：アイドリングの調整を行ってエンジン回転を上げていなかったか？
9：エンジンのかかり具合はどうだったか？
10：点火プラグの交換はいつごろ行ったか？

3 鑑 識

A−1−1 ■ エンジンルーム内に置き忘れたウエスにより出火

　エンジンルームの点検・整備時に，オイルレベルゲージやこぼれたオイル等を拭いたウエスをエンジンルーム内に置き忘れ，走行中に温度上昇した排気管の熱でウエスが発火し出火する。

写真A−1−1　アンダーカバーに落ちていた焼損したウエスの状況

〈見分ポイント〉

1　焼損したウエスの破片が排気管周囲，又はアンダーカバー上に残存していないか見分する。
2　排気管，又はエキゾーストマニホールドカバー等に布の付着跡があるか見分する。

A－1－2 ■ 排気熱により可燃物に着火

　車庫内の段ボールや衣類などの可燃物に排気管を接して車両を止めたり，枯草の溜まった場所に停車すると，排気管の熱や排気ガス，又は赤熱したスラッジの噴出などにより着火し出火する。

写真A－1－2　車庫内奥に衝突防止のために置いてあったマットレスに排気管が接している状況

〈見分ポイント〉
1　排気管周囲に可燃物がなかったか見分する。
2　エンジンの回転中若しくは停止直後に発生したかどうか確認する。

A－1－3 ■ 排気管上に可燃物が落下して出火

　貨物車のキャブと荷台の間に，段ボールやベニヤ板，防水シート等を置き，走行中にこれらが排気管上に落下し出火する。

〈見分ポイント〉
　排気管又は路上に焼損したシート，ウエス，紙片等がないか見分する。

写真A-1-3 排気管上方に焼け焦げたウエスの一部が残存している状況

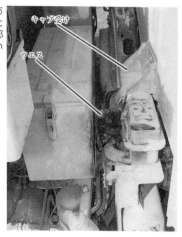

A-2 ■ 排気管の腐食による出火

　マフラー又は排気管溶接部付近が腐食したり，走行時の振動等で亀裂が発生したりして穴が空き，高温の排気ガスが貨物車の荷台下方の木製の床板に吹き付けて出火したり，乗用車の底板に吹き付けて伝導熱により室内のカーペット等に着火し出火する。

写真A-2　排気管の腐食状況

〈見分ポイント〉
1　排気系統の溶接部付近，接続部などを見分し，腐食，ひび割れ，破損，離脱状況を確認する。
2　車両底部に可燃物が積載されていたかどうか確認する。

B-1 ■ ラン・オン現象による出火

　ラン・オン現象は，エンジンスイッチを切っても，アイドリング回転時のキャブレターのスロットルバルブの開きが大きいと（アイドリング回転時で1,000回転以上に相当），キャブレター内に空気の流れが生じ，ベンチュリー管からガソリンが噴出して，爆発範囲内の混合気がシリンダー内に吸引されるため，一部のシリンダー内の

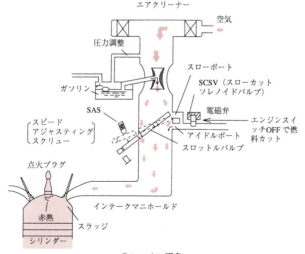

ラン・オン現象

赤熱したスラッジ，又は点火プラグの電極を火源に燃焼爆発が起き，エンジンが回転し続ける。

更に，このラン・オン現象が継続すると，燃焼爆発していない他のシリンダーから触媒装置内に未燃ガスが流入し，この部分で燃焼（酸化）し続けるため，過熱して放射熱によりフロアーカーペット等に着火し出火する。

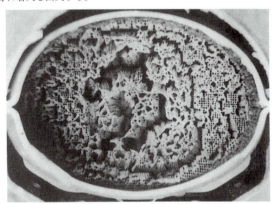

写真B-1　モノリス触媒の溶融状況（カラー写真p.㉛）

〈見分ポイント〉

1　フロアーシート等が焼損している場合は，触媒装置との位置関係を確認する。
2　触媒装置周囲に強い変色が見分される。
3　触媒装置内のモノリス触媒に溶融・破損が見分される。
4　アイドリング時のエンジン回転を確認する。
5　爆発燃焼しているシリンダーの排気バルブ及び点火プラグの電極は，熱により白く変色しているので，シリンダーヘッドを外し見分する。

排気系　297

B-2 ■ 失火による触媒コンバーターの過熱

　点火プラグの電極の磨耗や煤の付着等により点火不良を起こすと，点火しなかった燃焼室から未燃ガスが排気管に流れ，ラン・オン現象と同様に触媒コンバータが過熱し，電気配線や車室内のフロアーカーペット等が放射熱により着火する。

　また，枯草や段ボール，ごみくずなどの上に車を停めた場合も同様に出火危険がある。

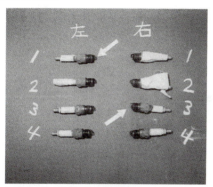

写真B-2　点火プラグが煤けている状況
（カラー写真 p. ㉛）

〈見分ポイント〉

1　B-1参照
2　各点火プラグの煤けや電極の磨耗状態などを見分する。

室内系

　車室内では，インストルメントパネルやコンソールボックス及び座席周辺の電気配線の短絡及び過熱，シガレットライターの故障などから出火している。

1 出火原因の調査

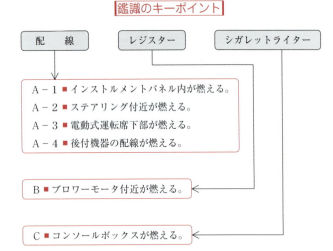

室内系　　299

質問のキーポイント

 1：ヒューズが溶断することはなかったか？

 2：警告灯が点灯しなかったか？

 3：走行上の支障はなかったか？

 4：イグニッションキーON・OFFの状況

 5：ドアは施錠したか，喫煙状況は？

 6：車を離れてからの時間経過などはどうだったか？

 7：車両購入後に改造，後付けを行ったか？

 8：配線をどのように取り回して接続したか？

 9：暖房は，内気循環，外気導入のどちらにして使用していたか，暖房の効き具合はどうだったか？

10：煙や炎はどこから噴出したか？

11：シガレットライターのプラグを押してから出火までの時間経過はどうか？

12：シガレットライターは正規のプラグを使用しているか？

13：シガレットライターのバイメタルを曲げていないか？

14：シガレットライターの内部に金属片が入る可能性はなかったか？

2 鑑　識

Ａ－１ ■ ヒューズボックスに至る配線の短絡

　　メータの付いているインストルメントパネル周辺で，電気配線が固定金具（クランプ）や金属部品の角で短絡し出火する。

写真Ａ－１　イグニッションスイッチからヒューズボックスへ至る配線がクランプと短絡している状況

〈見分ポイント〉

1　合成樹脂の焼損状況及び金属フレームの変色等，短絡位置との焼けの方向性について見分する。
2　各種ヒューズの容量と溶断の有無を見分する。
3　配線図を参考に，焼損していない部分の配線被覆の色から何の配線が短絡しているのか見分する。

A－2 ■ステアリング付近の配線の短絡

A－1と同様に，電気配線がクランプや金属部品と短絡したり，ワイヤーハーネス内のプラス線とマイナス線が線間短絡を起こして出火する。

〈見分ポイント〉

A－1参照

写真A－2 ステアリングポストのブラケット部分左側に出ているボルトと，ヘッドライトの配線が短絡している状況

A－3 ■電動式運転席下部の配線が短絡

電動式運転席の場合は，シート下の電気配線が損傷するなどして短絡，出火する。

写真A－3 運転席の座席底部の焼損状況（矢印は短絡箇所）
（カラー写真 p. ㉛）

〈見分ポイント〉
1 たばこ，火遊び，ライター，放火の可能性を検討する。
2 座席下のカーペットの焼損が激しい場合，ジャッキアップして触媒装置周辺の焼損状況を見分する。
3 座席を外してシートの焼損状況，電気配線とスライドする金属部分の短絡状況などを見分する。
4 配線に短絡があった場合は，何の配線か確認する。

A－4 ■ 後付機器の配線が短絡

カーステレオ，フォグランプ，無線機，拡声器などを車両購入後に取り付けた場合，配線に許容電流の低いビニールコードが使われていたり，エンジンルーム等で配線がたるんで機器に挟まり短絡，又は発熱して出火する。

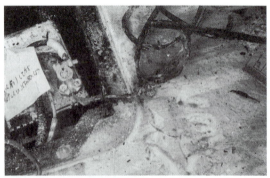

写真A－4　拡声器の電源配線がバッテリーハウスの蓋に挟まれて短絡した状況（カラー写真 p.㉜）

〈見分ポイント〉

1 焼損，短絡した配線が何か確認する。
2 配線及び取付状況が適正であるか見分する。
3 ヒューズの有無・溶断状況を見分する。

B ■ ブロアーモータからの出火

　車内の空気循環や冷暖房に使用するモータは，通称ブロアーモータと呼ばれ，助手席前や運転席寄りのダッシュボード下に組み込まれている。

　このモータ（シロッコファン）の回転が，異物の混入やベアリング等の損傷等により停止した場合，及び異物により，抵抗器（レジスター）が覆われて放熱が悪くなると，モータの回転速度を調整する抵抗器が赤熱して出火する。

　モータが停止すると，レジスターが赤熱し始め，ヒューズが溶断する前に，レジスターに付着した綿ぼこりや枯葉等に着火し出火する。

〔グローブボックス及びブロアーモータの断面図〕

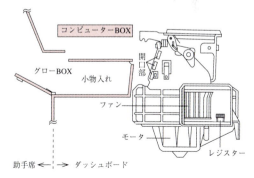

写真B-1　ブロアーモータ内に歯ブラシが落下してモータファンが停止し，レジスターが赤熱して出火

写真B-2　ブロアーモータの軸受けが変形して回転ムラが生じ，レジスターが過熱しダクトの合成樹脂に着火し出火

〈見分ポイント〉

1 ブロアーモータ内に異物の混入がないか見分する。
2 フローティングベアリングが変形していないか見分する。
3 ブロアーモータの回転子及び固定子に擦れた傷がないか見分する。
4 レジスター取付位置の焼損が強いか見分する。
5 レジスター付近に枯葉等可燃物がないか見分する。

C ■ シガレットライターの過熱による出火

　シガレットライターのソケットのバイメタルが曲がっていたり，形状の異なるシガレットライターを押し込むと，プラグが戻らなくなり，ヒータの赤熱状態が継続して過熱し，周囲の可燃物に着火して出火する。

　また，プラグのヒータ部にホッチキスの玉等の異物が挟まり，ＯＮの状態で瞬間的に短絡状態となり，配線に過電流が流れ，配線が焼損するとともに周囲の可燃物に着火する。

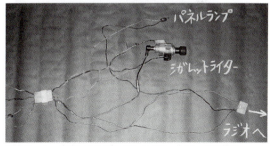

写真Ｃ−１　出火したシガレットライターとコードの状況

写真C-2　プラグのコイル捲き部の溶融状況（カラー写真 p.㉜）

〈見分ポイント〉

1　シガレットライターがONの状態であるか見分する。
2　コイル捲き部の溶融・異物の混入状況を見分する。
3　ライターの電源配線の短絡・焼損状況を見分する。
4　ヒューズの状況を見分する。

交通事故

　交通事故による車両火災では，電気配線の短絡によるものや燃料やオイル漏れにより出火している。

1 出火原因の調査

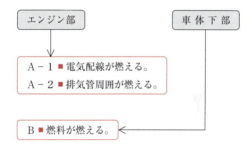

質問のキーポイント

1：衝突箇所等事故の状況
2：事故から出火までの経過時間
3：煙又は炎の噴出箇所及び噴出状況
4：出火前の臭気の状況（オイル・ガソリン臭，プラスチックの燃焼臭）
5：事故によるエンジン停止及びスイッチオフの有無と経過時間

2 鑑　識

A-1 ■電気配線の短絡による出火

　　衝突により車体が変形して，電気配線の束を損傷したり，バッテリーのプラスターミナルに車体が接触したため，短絡して出火する。

写真A-1　変形したボンネットがバッテリーのプラスターミナルに接触して短絡し焼損した状況（カラー写真 p.㉝）

〈見分ポイント〉

1　変形した車体と損傷した電気配線に短絡痕があるか見分する。
2　短絡箇所付近の車体の塗装及び電気配線被覆の焼損が強いかどうか見分する。
3　バッテリーのプラスターミナルに車体が接触していないか見分する。

A-2 ■排気管からの出火

　　事故直後の排気管は，送風がないため急激に温度が上昇する。特にエキゾーストマニホールドに破損・変形したプラスチックやゴム類の

可燃物が接触したり，各種オイルがかかると排気管部から出火する。

写真Ａ－２　オートマチックトランスミッションオイルが排気管にかかり出火

〈見分ポイント〉

1　各種オイル配管，容器に破損，離脱がないか見分する。
2　オイルの飛散状況を見分する。
3　漏れたオイルが排気管にかかる位置であるか見分する。
4　破損したプラスチックなどの容器，配管などが排気管に接触しているか見分する。

Ｂ ■ 燃料漏れによる出火

　乗用車の後部に激突されると，車体後部が変形して燃料タンク及び燃料パイプが破損して，ガソリン漏れを起こす場合がある。
　この破損箇所から多量のガソリンが路上に流出するため，路面と金属の摩擦による火花や，電気配線短絡時のスパーク等により引火

し出火する。

また、バイクが転倒するとキャブレターのフロート室のオーバーフローや燃料パイプからガソリンが漏れる。

写真B　車両下部のガソリンタンクが破損している状況
（カラー写真 p.㉝）

〈見分ポイント〉

1　車体下部の焼損が強く、車両後方に設置されたガソリンタンク周辺の焼損が著しい。
2　燃料タンク及び配管が破損しているか見分する。
3　路面やガードレールと車体が擦れた傷跡があるか見分し、衝撃火花発生の可能性について検討する。
4　電気配線等が断線していないか見分する。

ごみ収集車

　ごみ収集車（パッカー車）は一般車両と異なり，後部に荷箱を設けた特殊な車両であり，主として2トン車級と4トン車級がある。

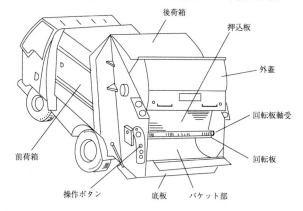

1 種　類

　ごみの積載方法により次の3種類に区分される。

積込方法	排　出　方　法	
	ダンプ式	強制押出式
① 回 転 式	○	○
② 半回転式		○
③ 上 下 式	○	○

ダンプ式：油圧により前荷箱を持ち上げて，ごみを排出する方法のもの。

強制押出式：前荷箱にある排出板を油圧により移動させ，ごみを排出する方法のもの。

〔積込方式〕

① 回転式

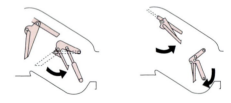

② 半回転式

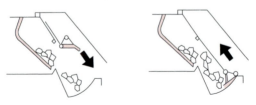

③ 上下式

2 出火原因の調査

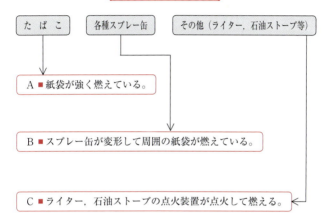

質問のキーポイント

1：ごみの収集物の種類と収集時間
2：回転板の回転時の異音と火花発生の有無

3 鑑　識

A ■たばこの吸殻による出火

　収集したごみ袋の中に火の消えていないたばこの吸殻が入っていると，ごみくずに着火し出火する。

写真A　ごみ収集車の後荷箱を開放した状況

〈見分ポイント〉

1　車両外部の焼損状況と，後荷箱を開放後の車体の焼損状況と，内部の焼損物を見分して，その位置を確認する。
2　荷箱内部に積まれているごみ袋の焼損状況と，その位置を確認する。
3　塵介車の収集物を路上に出し，ごみ袋等の焼損状況及びたばこの吸殻など何の収集物であるかを見分する。

B ■ 各種スプレー缶の破裂による出火

　各種スプレー缶がごみ収集車の回転板により破裂し噴出した液化石油ガス・ブタンガスなどが，回転板の回転時に鉄板とスプレー缶等との間で発生した火花により着火し出火する。

写真B　ごみ収集車内の焼損したスプレー缶の状況

〈見分ポイント〉
1　焼損物周囲のスプレー缶等の有無を見分する。
2　スプレー缶等が変形しているのが見分される。
3　スプレー缶等の種類と内容物を見分する。
　　（フロンガス以外のＬＰＧガスが充てんされているものもある。）

C ■ ライター等が回転板の圧力により点火して出火

　押しボタン式卓上ライターや石油ストーブ，又は100円ライターなどが収納されると，回転板の圧力によりライターや点火装置が働き他のごみ袋等に着火し出火する。

写真C　ライター周辺の焼損状況

〈見分ポイント〉

1　ごみ収集車から降ろされたごみの焼損物を見分する。
2　焼損物の周囲に発火源となり得るものを見分する。
3　100円ライターがごみの中から出てきた場合，ライターが焼損して変形しているのが見分される。
4　石油ストーブの点火装置に電池があるかどうか見分する。

第6編　放火

放　火

　放火は，限定された機器にかかわる火災以外のほとんどの火災について，その可能性について検討しなくてはならない。しかし，行為者がはっきりするケースは少なく，数少ない現場の状況証拠に基づき，総合的に検討して判断することが必要となる。

1 放火火災の傾向

　令和元年中の東京消防庁管内の放火火災の傾向を見ると次のとおりである。

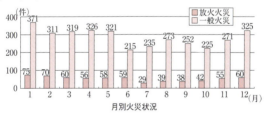

月別火災状況

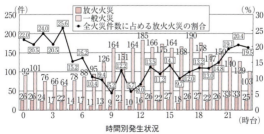

時間別発生状況

2 出火原因の調査

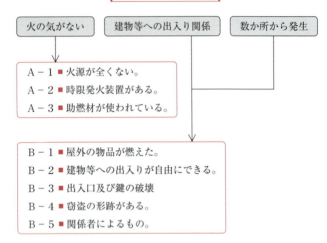

鑑識のキーポイント

火の気がない
- A－1 ■ 火源が全くない。
- A－2 ■ 時限発火装置がある。
- A－3 ■ 助燃材が使われている。

建物等への出入り関係 / 数か所から発生
- B－1 ■ 屋外の物品が燃えた。
- B－2 ■ 建物等への出入りが自由にできる。
- B－3 ■ 出入口及び鍵の破壊
- B－4 ■ 窃盗の形跡がある。
- B－5 ■ 関係者によるもの。

質問のキーポイント

1：出火箇所付近の可燃物の状況
2：施錠の有無・合鍵の有無と数，その保管状況
3：発見者及び消防隊到着時の出入口の状況
4：金銭や貴重品等，窃盗の有無・発生時の不審者の有無
5：過去におけるいやがらせ，放火，窃盗の有無
6：家庭内外のトラブルの有無
7：行為者（自殺者）の動機

3 鑑 識

A－1 ■ 全く火源のない箇所から出火

　放火は一般的に，紙などの容易に着火しやすいものが置かれた箇所で発生し，付近には火源となるものがない場合が多い。また，たばこ及び火遊びについても考慮する必要がある。

写真A－1

〈見分ポイント〉

1　着火しやすい紙などの炭化物等が見分される。
2　出火箇所付近の機器等からの出火が否定される。
3　付近の配線に電気痕が見分された場合，一次的な短絡による出火が否定される。
4　比較的表面的な焼損で，たばこ等による焼け込み等は見分されない。

A-2 ■時限発火装置からの出火

騒動火災などでは，時限発火装置を使った火災が発生している。

写真A-2 （カラー写真 p.㉝）

〈見分ポイント〉
1 リード線，電池などの焼損物件が見分される。
2 灯油等の助燃材の反応が見られる。
3 テルミットが使用されている場合は赤褐色の変色が見分される場合もある。
4 鎮火後，早期に写真記録するとともに，現場保存に留意し，警察機関との連携を図り見分する。

A-3 ■灯油をまいて出火

　助燃材として灯油やガソリンなどをまき，放火されているものもある。

写真A-3

〈見分ポイント〉

1　灯油やガソリンなどの臭気がある。
2　ガス検知器に反応がみられる。（ポリスチレンなどの合成樹脂が焼損した場合にも反応を呈するので注意する。）
3　ガス検知器で反応があった範囲を白紐等で表示する。（二次的なガソリン等の流出に注意）
4　反応の示した焼損残渣物を採取し，ガスクロマトグラフなどの分析機器で鑑定し，助燃材を特定する。

B-1 ■ 屋外の物品への放火

　最も多く発生しており，ごみなどはたばこと一緒に捨てられたり，通行人等の投捨ても考えられるので，総合的に判断する必要がある。

〈見分ポイント〉

1　たばこ等が捨てられた形跡が見分されない。
2　他の火源による出火がすべて否定される。

写真B-1

B-2 ■ 出入りが自由な建物から出火

　開放された倉庫や車庫，施錠されていない空き家や空き室などに侵入し放火される場合がある。

〈見分ポイント〉

1　開放の出入口や出入口のドア等が施錠されていない。
2　窓を含めて各出入口付近を発掘し，ドアノブや鍵の状態を見分する。

写真B-2-1

放 火 325

写真B-2-2

B-3・4 ■出入口のドア等を破壊侵入して放火

写真B-3・4-1

窃盗等を目的として出入口のドア等を破壊,内部に侵入,証拠隠滅のため放火する場合がある。

写真B－3・4－2

〈見分ポイント〉
1 ドア等が破壊された形跡が見分される。(消防隊による場合もあるので確認する。)
2 現金,貴重品などが盗まれていないか確認する。
3 引出し等が引き出されたまま焼損しているのが見分される。

第7編　資料

資　料　329

資　料

　焼損した「物」を鑑識する上で必要な写真の撮影方法・鑑識のポイントについてテレビの例で述べる。

1 写真の撮影方法

(1)　鑑識写真の撮影手順

　ア　焼損した機器の正面側・背面側の２面を撮影する。ほか，場合によっては底面も撮影する。（写真１，２，３参照）

　イ　パネル等を取り外したら，パネルの裏側の焼損状況も確認できるように一緒に撮影する。（写真２参照）

　ウ　内部の機器の部品等の焼損状況を明確にできるように，必要に応じて部品名称等を紙に書き，部品に張り付け，撮影する。（写真４参照）

　エ　接写する必要があるなら，マクロレンズ（接写用）及びリングストロボ等を効果的に活用する。（写真５参照）

　　※　リングストロボがない場合は，手持ちのストロボをカメラから離脱し，被写体より約20cmのカメラに近い位置に固定して撮影する。（被写体の影ができないようにするため。）

　オ　電気痕等の原因判定上の物証が確認できたら，矢印等の標識を積極的に用いる。（写真６参照）

　カ　必要に応じて，現場図番等の反射しないシートの上に電気配線等の系統をのせて，電気痕の位置が明確になるように撮影する。

330 第7編 資 料

（留意事項）

(1) 被写体の背景は努めて毛布等を利用し，無背景で撮影する。

(2) 接写で撮影する場合は，ストロボはオートでもよいが，カメラの露出はマニュアルでシャッタースピードは60，絞りは11〜16で絞り気味で撮影する。（ＡＳＡ100の場合）

(2) その他

ア 電気痕等は，努めて実体顕微鏡で撮影を行う。（写真7参照）

イ 合成樹脂等で覆われた物件内部は，レントゲン撮影により非破壊でスイッチのＯＮ・ＯＦＦの状態や，出火した部位を鑑識できる場合がある。（写真8〜12参照）

ウ 電気痕等は，更に実体及び金属顕微鏡による撮影方法もある。（写真13参照）

2 鑑識のポイント（共通事項）

(1) 関係者の供述は信頼できるか検討する。
(2) 焼損の最も著しいのはどこか，また，関係者の供述と焼損状況が合うか確認する。
(3) 焼損した物件の回路図・組立図面などを入手する。
(4) 過去に，同一機種から出火しているのかを確認する。
(5) 焼損した物件と同一機種を見分し，比較検討しながら鑑識を進めていく。
(6) 焼損した物件の欠落した部分・脱落した部分があるか見分する。
(7) 電気痕の位置・脱落した部分の復元・部品等の著しい焼損箇所・端子部の溶融箇所を詳細に見分し，原因を判定する。

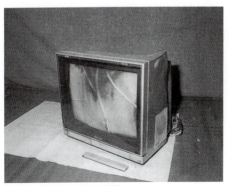

写真1　正面と右側面を撮影

332　第7編 資料

写真2　背面と左側面を撮影

写真3　底面を撮影

資料　333

写真4　復元し部品名を記載し撮影（カラー写真 p.34）

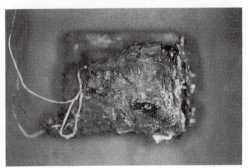

写真5　リングストロボ・マクロレンズを使用し撮影
（カラー写真 p.34）

334　第7編　資料

写真6　基板内部から放電した現象を撮影（カラー写真 p.㉞）

写真7　顕微鏡写真により原因判定上の物証を撮影（カラー写真 p.㉟）

資料 335

写真8 焼損した電子カーペットのコントローラー

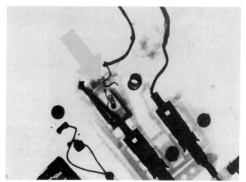

写真9 写真8のレントゲン写真(マイクロスイッチの接点が離れているのが見分される。)

336　第7編　資　料

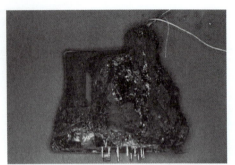

写真 10　焼損したフライバックトランスを撮影
　　　　（カラー写真 p. ㉟）

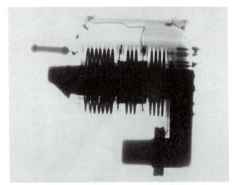

写真 11　写真 10 のレントゲン写真（捲線には異状はない。）

資料　337

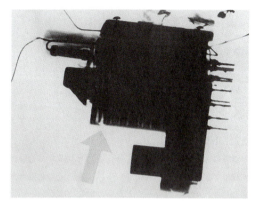

写真 12　写真 10 のレントゲン写真（レントゲンの投射レベルを変えることにより，外装の樹脂にクラックが見分される。）

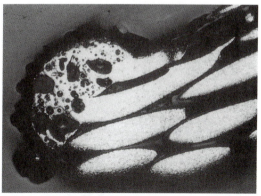

写真 13　電気痕の金属顕微鏡写真（カラー写真 p. ㉟）

3 製品に関わるマークのいろいろ

(1) 消費生活用品の安全マーク（PSCマーク）

 特別特定製品

 特別特定製品以外の特定製品

【消費生活用製品安全法】

　消費者の生命・身体に対して特に危害を及ぼすおそれが多いとして政令で定められた製品については，国の定めた技術上の基準に適合した旨のPSCマークがないと販売できない。

　これらの規制対象品目は，自主検査が義務付けられている特定製品と，自主検査に加えて登録検査機関の検査が義務付けられている特別特定製品がある。

特別特定製品（4品目）	乳幼児用ベッド，携帯用レーザー応用装置，浴槽用温水循環器（ジェット噴流バス，24時間風呂等），ライター
特別特定製品以外の特定製品（6品目）	登山用ロープ，家庭用の圧力なべ及び圧力がま，乗車用ヘルメット，石油給湯機，石油ふろがま，石油ストーブ

(2) 電気用品の安全マーク（PSEマーク）

 特定電気用品

 特定電気用品以外の電気用品

【電気用品安全法】

電気用品のうち政令で定められた電気用品については，国の定めた技術上の基準に適合した旨のＰＳＥマーク等がないと販売できない。

これらの規制対象品目は，自主検査が義務付けられている電気用品と，構造又は使用方法その他の使用状況から見て，特に危険又は障害の発生するおそれが多いと認められるため，自主検査に加えて登録検査機関の検査が義務付けられている特定電気用品がある。

特定電気用品（116品目）	電気温水器，電気ポンプ，電動式おもちゃ，自動販売機等
特定電気用品以外の電気用品（341品目）	電気こたつ，電気がま，電気冷蔵庫，電気かみそり等

(3) **ガス用品の安全マーク（ＰＳＴＧマーク）**

 特定ガス用品　　　 特定ガス用品以外のガス用品

【ガス事業法】

都市ガス用の器具のうち，政令で定められた下記品目については，国の定めた技術上の基準に適合した旨のＰＳＴＧマークがないと販売できない。

これらの規制対象品目は，自主検査が義務付けられているガス用品と，構造・使用条件・使用状況等から見て特に災害の発生のおそれが多いと認められるため，自主検査に加えて登録検査機関

の検査が義務付けられている特定ガス用品がある。

特定ガス用品（4品目）	瞬間湯沸器（半密閉式），バーナー付ふろがま（半密閉式），ストーブ（半密閉式），ふろバーナー
特定ガス用品以外のガス用品（4品目）	瞬間湯沸器（開放式，屋外式，密閉式），バーナー付ふろがま（屋外式，密閉式），ストーブ（開放式，屋外式，密閉式），コンロ

(4) 液化石油ガス器具の安全マーク（PSLPGマーク）

 特定液化石油ガス器具

 特定液化石油ガス器具以外の液化石油ガス器具

【液化石油ガスの保安の確保及び取引の適正化に関する法律】

　液化石油ガス（LPガス）用の器具等のうち，政令で定められた下記品目については，国の定めた技術上の基準に適合した旨のPSLPGマークがないと販売できない。

　これらの規制対象品目は，自主検査が義務付けられている液化石油ガス器具等と，構造・使用条件・使用状況等から見て特に災害の発生のおそれが多いと認められるため，自主検査に加えて登録検査機関の検査が義務付けられている特定液化石油ガス器具等がある。

特定液化石油ガス器具等（7品目）	カセットコンロ，瞬間湯沸器（半密閉式），ストーブ（半密閉式），ふろがま，バーナー付ふろがま（半密閉式），ふろバーナー，ガス栓

特定液化石油ガス器具以外の液化石油ガス器具等（9品目）	ガス漏れ警報器，継手金具付高圧ホース，継手金具付低圧ホース，耐震自動ガス遮断機，調整器，瞬間湯沸器（開放式，屋外式，密閉式），バーナー付ふろがま（屋外式，密閉式），ストーブ（開放式，屋外式，密閉式），一般ガスコンロ

(5) ＳＧマーク

ＳＧマークは，Safety Goods（安全な製品）の略号で，(一財)製品安全協会が，「構造・材質・使い方などから見て，生命又は身体に対して危害を与えるおそれのある製品」について，安全な製品として必要なことなどを決めた認定基準を定め，この基準に適合していると認められた製品にのみ表示されるマークである。

なお，ＳＧマークの貼付された製品は，万が一の製品の欠陥に備えて人身事故が起きた場合，対人最高限度額１億円の賠償制度がある。

●乳幼児用品……………………21品目
●福祉用具………………………8品目
●家具・家庭用品………………19品目
●台所用品………………………9品目
●スポーツ・レジャー用品……35品目
●家庭用フィットネス用品……7品目
●自転車・自動車用品…………8品目
●その他…………………………8品目
●休止基準………………………17品目
実施団体：一般財団法人製品安全協会

令和３年５月15日現在

(6) ＳＴマーク

ＳＴマークは，Safety Toy（安全玩具）の略号で，(一社)日本

玩具協会が「注意深く作られた安全に使用できるおもちゃ」と認める製品にのみ表示される。

おもちゃは楽しく、おもしろく、丈夫で、安全であり、しかも心身の成長に役立つものでなければならない。中でも一番重要なのは安全であることから、玩具業界で、官庁や学識経験者、さらに消費者代表とも協議のうえ、昭和46年に「おもちゃの安全基準」としてＳＴマークが制定された。この基準は欧米先進国にも例がないほど厳しいものである。

ＳＴマークのある製品の不具合で事故が生じた場合、対人限度額１億円、対物限度２千万円等の賠償制度がある。

幼児用乗り物を含むあらゆる種類の玩具
実施団体：一般社団法人日本玩具協会

(7) ＳＦマーク

ＳＦマークは、Safety Fireworks（安全花火）の略号で、(公社)日本煙火協会が行う検査に合格した国内を流通する国産・輸入品のおもちゃ花火に付けられるマークである。

ＳＦマークには、型式認証の証である「規格マーク」と、製造（又は輸入）した花火が抜き取り検査に合格したときに付けられる「合格マーク」がある。

対人・対物合わせて１事故最高１億円の賠償制度がある。

国産及び輸入品の玩具として用いられる煙火（おもちゃ花火）全種
実施団体：公益社団法人日本煙火協会

⑻ **事故情報収集制度とNITE**

暮らしの中で起こった製品の事故情報を収集

　NITEは，経済産業省の製品安全行政の一環として，暮らしの中で使用する製品で起こった事故の情報を集めている。平成19年5月に改正消費生活用品安全法（改正消安法）が施行され，重大製品事故の発生を知った製造・輸入事業者は，国へ事故の情報を報告することが義務づけられた。この改正消安法に基づいて国へ報告される重大製品事故以外の事故はNITEで収集している。

集めた事故情報を調査し，その結果を公表して製品事故の未然・再発防止に役立てる

　NITEは集めたすべての事故情報の内容を調査・分析し，必要な場合には原因究明のためのテスト等を実施している。調査結果は，学識経験者や消費者代表等により構成される事故動向等解析専門委員会による審議・評価を経たうえで，事故原因や事業者の再発防止措置を含め，定期的に公表している。

　また，国へ報告された重大製品事故のうち，安全性に関する技術上の調査が必要なものについては，経済産業大臣の指示により，NITEが調査を行っている。

必要な場合，経済産業省から行政上の措置が講じられる

集めた事故情報や調査・分析状況は，随時，経済産業省に報告し，必要な場合には，経済産業省から事業者や事業者団体に対して行政上の措置が講じられる。

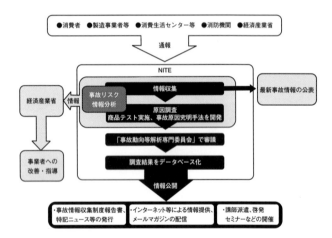

資料　345

❹ 社告情報等の確認先一覧

(内容現在　令和3年5月)

　社告品等の情報については，以下の官公庁や関係団体のウェブサイト又はメーカーのウェブサイトを確認してください。

(1) 官公庁

名　　称	URL
消費者庁	https://www.caa.go.jp/
総務省消防庁	https://www.fdma.go.jp/
総務省消防庁消防大学校消防研究センター	http://nrifd.fdma.go.jp/
国土交通省	https://www.mlit.go.jp/
経済産業省	https://www.meti.go.jp/
東京消防庁	https://www.tfd.metro.tokyo.lg.jp/

(2) 関係諸団体・機関

名　　称	URL
㊳製品評価技術基盤機構	https://www.nite.go.jp/
㊳国民生活センター	http://www.kokusen.go.jp/
(一財)製品安全協会	https://www.sg-mark.org/
(一財)家電製品協会	https://www.aeha.or.jp/
(一財)日本石油燃焼機器保守協会	http://nenshou.xsrv.jp/
(一財)日本ガス機器検査協会	https://www.jia-page.or.jp/
(一社)日本ガス石油機器工業会	https://www.jgka.or.jp/
(一社)日本エアゾール協会	https://www.aiaj.or.jp/
(一財)日本燃焼機器検査協会	http://www.jhia.or.jp/

346　　第7編　資　料

日本暖房機器工業会	http://www.danboh.net/
(一社)日本照明工業会	https://www.jlma.or.jp/
(一社)電池工業会	https://www.baj.or.jp/
(一社)日本電気協会	https://www.denki.or.jp/
(一社)日本厨房工業会	https://www.jfea.or.jp/
キッチン・バス工業会	https://www.kitchen-bath.jp/
(一社)日本電機工業会	https://www.jema-net.or.jp/
(一社)日本配線システム工業会	https://www.jewa.or.jp/
(一財)日本エルピーガス機器検査協会	https://www.lia.or.jp/
家電製品 PL センター	https://www.aeha.or.jp/plc/
(公財)自動車製造物責任相談センター	http://www.adr.or.jp/
消費生活用製品 PL センター	https://www.sg-mark.org/plcenter
防炎製品 PL センター	https://www.fesc.or.jp/10/index2.html

参 考 文 献

「火災調査技術教本　2巻　燃焼，微小，車両」
　　　東京消防庁予防部調査課／東京法令出版㈱
「火災調査技術教本　3巻　電気，化学」
　　　東京消防庁予防部調査課／㈶東京防災指導協会
「火災調査技術教本　4巻　損害調査」
　　　東京消防庁予防部調査課／㈶東京防災指導協会
「火災調査ポケット必携」
　　　東京消防庁予防部調査課／東京法令出版㈱
「産業安全研究所技術指針」
　　　労働省産業安全研究所／㈳産業安全技術協会
「ネオン工事教科書」指導教育委員会／㈳全日本ネオン協会
「家電製品と点検技術」
　　　アフターサービス委員会／㈶家電製品協会
「暮らしと家電製品」広報委員会／㈶家電製品協会
「絵とき家庭の電気学入門早分かり」オーム社／オーム社
「エンジョイ　エレキ　電化読本」
　　　㈱東芝　消費者部／㈱東芝　消費者部
「自動車の構造」トヨタ自動車㈱／トヨタ自動車㈱サービス部
「くるまの仕組」トヨタ自動車㈱／トヨタ自動車㈱サービス部
「自動車メカニズム図鑑」橋口盛典／㈱山海堂
「自動車のメカはどうなっているか　エンジン系」
　　　GP企画センター／㈱グランプリ出版
「カー・メカニズム・マニュアル「ベーシック編」」
　　　青山元男／㈱ナツメ社
「LPガス自動車構造取扱基準」
　　　LPガス自動車保安対策会議／日本LPガス自動車研究会
「都市ガス営業実務ハンドブックⅠ」
　　　㈳日本ガス協会／㈳日本ガス協会
「石油燃焼機器」消防庁予防課／㈶日本石油燃焼機器保守協会
「電子レンジ・マイクロ波食品利用ハンドブック」
　　　肥後温子／日本工業新聞社

MEMO

✏ MEMO

①

1　電　気

電磁調理器（☞p.12）→

溶着部分

←ヘアドライヤー
　（☞p.24）

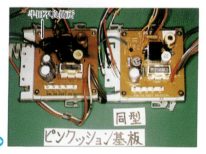

半田不良箇所

同型
ピンクッション基板

テレビ（☞p.31）→

②

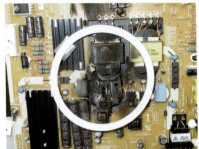

←テレビ(☞p.32)

テレビ(☞p.32)→

←テレビ(☞p.32)

③

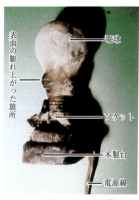

電球
表面の膨れ上がった箇所
ソケット
木製台
電源線

↑白熱電球(☞p.37)

←白熱電球(☞p.38)

←白熱電球(☞p.39)

蛍光灯(☞p.46)→

④

↓ネオン灯配線（☞p.52）

↑冷蔵庫（☞p.57）

冷蔵庫（☞p.58）→

←冷蔵庫(☞p.58)

冷蔵庫(☞p.59)→

⬇冷蔵庫(☞p.60)

⑥

←冷蔵庫(☞p.60)

冷蔵庫(☞p.62)→

冷蔵庫→
(☞p.62)

←扇風機(☞p.66)

⑦

←扇風機(☞p.67)

溶融箇所

モータコイルの短絡痕

洗濯機(☞p.72)→

↓洗濯機(☞p.72)

⑧

←洗濯機(☞p.74)

洗濯機(☞p.74)→

電子レンジ→
(☞p.80)

⑨

電子レンジ(☞p.81)➡

⬇電子レンジ(☞p.82)

電子レンジ(☞p.82)➡

⑩

←電子レンジ(☞p.83)

電子レンジ(☞p.84)→

↓電気衣類乾燥機(☞p.89)

↑電気衣類乾燥機(☞p.90)

⑪

←電気衣類乾燥機
（☞p.91）

↓電気衣類乾燥機（☞p.91）

付着した綿ぼこり

←電気衣類乾燥機
（☞p.92）

⑫

←コード（☞p.96）

↓コード（☞p.98）

短絡痕

↓コード（☞p.99）

⑬

↑コード（☞p.99）

プラグとコンセント（☞p.105）→

←リチウムイオン電池
　（☞p.118）

リチウムイオン電池→
　（☞p.118）

⑭

←リチウムイオン電池
（☞p.119）

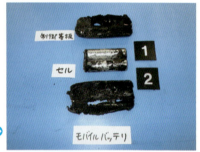

リチウムイオン電池→
（☞p.119）

←リチウムイオン電池
（☞p.120）

⑮

⬆リチウムイオン電池（☞p.120）

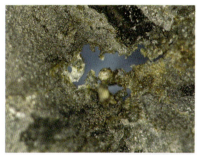

⬅リチウムイオン電池
　（☞p.120）

リチウムイオン電池➡
　（☞p.120）

⑯

2 燃焼

←ガステーブル（☞p.129）

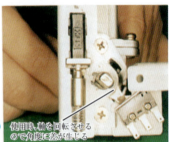
ガステーブル（☞p.129）→ 使用時、軸を回転させるので角度に差が生じる

使用時、押し込まれている位置（5.5㎜）
←ガステーブル（☞p.130）

⑰

⬆ ガステーブル（☞p.135）

⬆ 無煙ロースター
（☞p.139）

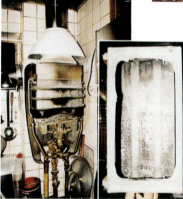
⬅ ガス湯沸器
（☞p.143）

ガス湯沸器（☞p.144）→

↓風呂釜（☞p.150）

サビなどの変色ライン

風呂釜→
（☞p.151）

水栓は約30度の角度で斜めに入っている

⑲

⬆風呂釜(☞p.152)

⬇風呂釜(☞p.153)

ガス導管の腐食孔

⬆風呂釜(☞p.154)

⑳

←ガス乾燥機
（☞p.158）

↓ガス乾燥機（☞p.161）

ガス乾燥機 ➡
(☞p.161)

↓石油ストーブ(☞p.166)

石油ストーブ ➡
(☞p.167)

㉒

←石油ファンヒータ
（☞p.177）

←石油ファンヒータ
（☞p.178）

↓石油ファンヒータ（☞p.179）

3 微小

ローソク(☞p.195)→

↓溶接(断)器(☞p.210)

4 化学

←さらし粉（☞p.220）

↓生石灰（酸化カルシウム）（☞p.223）

←生石灰（酸化カルシウム）
　（☞p.224）

セルロイド(硝化綿)
(☞p.227)

セルロイド(硝化綿)
(☞p.228)

植物油
(☞p.232)

⬆花火（☞p.235）

5　車両

電気系（☞p.249）➡

電気系(☞p.250) →

電気系(☞p.255) →

←電気系(☞p.255)

←燃料系（☞p.265)

燃料系（☞p.266)→

↑燃料系（☞p.267)

⬆燃料系(☞p.269)

燃料系(☞p.271)➡

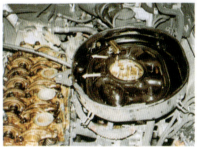
⬅エンジン系
　(☞p.280)

エンジン系 ➡
(☞p.281)

エンジン破損箇所

↓エンジン系(☞p.285)

エンジン系(☞p.286) ➡

排気系 ➡
（☞p.296）

排気系（☞p.297）➡

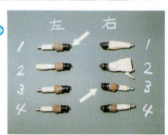

⬇室内系
　（☞p.301）

リクライニング用モータ

スライド用モータ

⬆室内系(☞p.302)

室内系(☞p.306)⬇

交通事故(☞p.308)→

↓交通事故(☞p.310)

ガソリンタンクの破損箇所
排気管
シャーシ
トランスミッション

■ 6 放 火 ■

放火(☞p.322)→

7 資 料

↑資料(☞p.333)

←資料(☞p.333)

資料(☞p.334)→

㉟

←資料(☞p.334)

資料(☞p.336)→

↓資料(☞p.337)

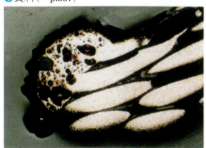

火災鑑識ポケット必携

——火災原因究明のための実務資料集——

平成 6 年 5 月18日　初 版 発 行
令和元年 8 月 1 日　 8 訂版 発 行
令和 7 年 6 月20日　 8 訂版 5 刷発行

定価(本体2,400円＋税)

監　修　　東 京 消 防 庁

編　著　　火 災 調 査 研 究 会

発行者　　星 沢 卓 也

発行所　　東京法令出版株式会社

112-0002　東京都文京区小石川 5 丁目17番 3 号　03(5803)3304
534-0024　大阪市都島区東野田町 1 丁目17番12号　06(6355)5226
062-0902　札幌市豊平区豊平 2 条 5 丁目 1 番27号　011(822)8811
980-0012　仙台市青葉区錦町 1 丁目 1 番10号　022(216)5871
460-0003　名古屋市中区錦 1 丁目 6 番34号　052(218)5552
730-0005　広島市中区西白島町 11番 9 号　082(212)0888
810-0011　福岡市中央区高砂 2 丁目13番22号　092(533)1588
380-8688　長 野 市 南 千 歳 町 1005 番 地
　〔営業〕TEL 026(224)5411　FAX 026(224)5419
　〔編集〕TEL 026(224)5412　FAX 026(224)5439
　　　　https://www.tokyo-horei.co.jp/

© Printed in Japan, 1994
　本書の全部又は一部の複写、複製及び磁気又は光記録媒体への入力等
は著作権法上での例外を除き禁じられています。これらの許諾について
は、当社までご照会ください。
　落丁本・乱丁本はお取替えいたします。

ISBN978-4-8090-2466-5 C3030 ¥2400E